T. Marin   L. Ruggieri   S. M.

nuovissimo PROGETTO italiano
italiano

1a

Corso di lingua
e civiltà italiana

A1
Libro dello
studente e
Quaderno
degli
esercizi

EDILINGUA

I edizione: maggio 2019 (1ª ristampa)

ISBN: 978-88-99358-44-0

Ha collaborato:
Fulvia Oddo

Redazione:
Antonio Bidetti, Anna Gallo, Sonia Manfrecola,
Laura Piccolo, Elisa Sartor, Natia Sità

Foto: Shutterstock, Telis Marin

Foto copertina: Telis Marin

Impaginazione e progetto grafico:
Edilingua

Illustrazioni:
Alfredo Belli, Massimo Valenti

Registrazioni audio e produzione video:
Autori Multimediali, Milano

© **Copyright edizioni Edilingua**

Sede legale
Via Giuseppe Lazzati, 185 00166 Roma
Tel. +39 06 96727307
Fax +39 06 94443138
info@edilingua.it
www.edilingua.it

Deposito e Centro di distribuzione
Via Moroianni, 65 12133 Atene
Tel. +30 210 5733900
Fax +30 210 5758903

Telis Marin dopo una laurea in Italianistica ha conseguito il Master Itals (Didattica dell'italiano) presso l'Università Ca' Foscari di Venezia e ha maturato la sua esperienza didattica insegnando presso varie scuole d'italiano. È direttore di Edilingua e autore di diversi testi per l'insegnamento della lingua italiana: *Nuovo e Nuovissimo Progetto italiano 1, 2, 3* (Libro dello studente), *Via del Corso A1, A2, B1, B2* (Libro dello studente), *Progetto italiano Junior 1, 2, 3* (Libro di classe), *La Prova Orale 1, Primo Ascolto, Ascolto Medio, Ascolto Avanzato, Nuovo Vocabolario Visuale, Via del Corso Video*. Inoltre, è coautore di *Nuovo e Nuovissimo Progetto italiano Video, Progetto italiano Junior Video* e *La nuova Prova orale 2*. Ha tenuto numerosi workshop sulla didattica in tutto il mondo.

L. Ruggieri è insegnante di italiano come LS. Si è laureata in Lingue e Letterature Straniere all'Università degli Studi di Milano. Ha conseguito il dottorato presso l'Università di Granada, dove collabora come ricercatrice nell'ambito degli studi di linguistica e letteratura comparata con il /Grupo de investigaciones filológicas y de cultura hispánica/.

S. Magnelli ha insegnato Lingua e Letteratura italiana presso il Dipartimento di Italianistica dell'Università Aristotele di Salonicco. Ha collaborato con l'Istituto Italiano di Cultura di Salonicco ed è stato responsabile della progettazione didattica di Istituti linguistici operanti nel campo dell'italiano LS.

Gli autori e l'editore sentono il bisogno di ringraziare i tanti colleghi che, con le loro preziose osservazioni, hanno contribuito al miglioramento di questa nuova edizione.

Un sincero ringraziamento, inoltre, va agli amici insegnanti che, visionando e provando il materiale in classe, ne hanno indicato la forma definitiva.

Infine, un pensiero particolare va ai redattori e ai grafici della casa editrice per l'impegno profuso.

a mia figlia
Telis Marin

Gli autori apprezzerebbero, da parte dei colleghi, eventuali suggerimenti, segnalazioni e commenti sull'opera (da inviare a redazione@edilingua.it)

Tutti i diritti riservati.
È assolutamente vietata la riproduzione totale o parziale di quest'opera, anche attraverso le fotocopie; è vietata la sua memorizzazione, anche digitale su supporti di qualsiasi tipo, la sua trasmissione sotto qualsiasi forma e con qualsiasi mezzo, così come la sua pubblicazione on line senza l'autorizzazione della casa editrice Edilingua.

L'editore è a disposizione degli aventi diritto non potuti reperire; porrà inoltre rimedio, in caso di cortese segnalazione, ad eventuali omissioni o inesattezze nella citazione delle fonti.

Ogni azione umana ha un impatto sull'ambiente. A Edilingua siamo convinti che il futuro del nostro Pianeta dipende anche da ognuno di noi. "La Terra ha bisogno del tuo aiuto" è una piccola ma costante campagna di sensibilizzazione rivolta agli studenti: ogni nostro libro vuole essere un invito alla riflessione, uno stimolo al risparmio energetico e alla riduzione delle emissioni di CO2. Ulteriori informazioni sul nostro sito (in "chi siamo").

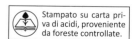

Stampato su carta priva di acidi, proveniente da foreste controllate.

Premessa

Nuovissimo Progetto italiano è l'edizione completamente aggiornata di un moderno corso d'italiano per stranieri. Si rivolge a studenti adulti e giovani adulti e copre tutti i livelli del Quadro Comune Europeo.

Il fatto che *Nuovo Progetto italiano*, ovvero l'edizione precedente di quella che avete in mano, sia il corso più venduto al mondo, ci ha permesso di raccogliere i commenti di centinaia di insegnanti che operano in vari contesti didattici. Questo prezioso feedback e la nostra diretta esperienza in aula ci hanno permesso di valutare e decidere le modifiche da apportare, al fine di presentare un corso aggiornato didatticamente e nei contenuti. Nello stesso tempo abbiamo rispettato la filosofia dell'edizione precedente, apprezzata da tanti colleghi che sono "cresciuti" professionalmente usando il manuale in classe.

In *Nuovissimo Progetto italiano 1a*:

- tutti i dialoghi sono stati revisionati, sono meno lunghi, più spontanei, più vicini alla lingua parlata;
- alcune attività sono diventate più induttive e più coinvolgenti;
- la progressione rimane veloce;
- c'è una maggiore continuità tra le unità, grazie alla presenza nelle diverse situazioni di personaggi fissi, gli stessi degli episodi video;
- gli episodi video e il Quiz "Lo so io", sono stati girati ex novo, con nuovi attori e location, su testi aggiornati;
- gli episodi video sono meglio integrati nella struttura del corso, in quanto completano o anticipano il dialogo introduttivo;
- tutti i brani audio sono stati revisionati e registrati da attori professionisti;
- la sezione "Per cominciare" presenta una maggiore varietà di tecniche didattiche;
- alcune tabelle grammaticali sono state alleggerite o spostate nel nuovo Approfondimento grammaticale;

- alcuni fenomeni grammaticali vengono presentati in maniera più induttiva e semplice;
- le pagine di civiltà sono state aggiornate e i testi sono più brevi;
- c'è stata un'accurata revisione del lessico, seguendo un approccio a spirale sia tra le unità che tra Libro e Quaderno;
- oltre ai giochi già presenti, è stata inserita una breve attività ludica per unità;
- la revisione dei contenuti da parte degli studenti diventa più divertente grazie al Gioco di società e ai nuovi giochi digitali sulla piattaforma i-d-e-e;
- la grafica è stata aggiornata con nuove foto e illustrazioni e le pagine risultano meno dense;
- l'Edizione per insegnanti (con chiavi) e la Guida didattica (anche digitale) facilitano e arricchiscono il lavoro dell'insegnante;
- nel Quaderno, interamente a colori, diverse attività sono ora più varie con abbinamenti, riordini e scelte multiple al posto di attività con domande aperte.

Come nel Libro dello studente, anche nel Quaderno degli esercizi, i brani audio sono stati registrati da attori professionisti e sono più naturali e spontanei. *Nuovissimo Progetto italiano 1* ha un doppio CD audio: uno in versione "naturale", allegato al Quaderno degli esercizi, e un altro in versione "rallentata", disponibile sul sito di Edilingua e sulla piattaforma didattica i-d-e-e.it. Questa versione è pensata soprattutto per studenti la cui lingua materna è lontana dall'italiano, ma anche come primo ascolto di un dialogo al fine di facilitare la comprensione e abbassare il filtro affettivo.

Il Quaderno degli esercizi, oltre alle varie esercitazioni progettate tenendo presenti le tipologie delle certificazioni Celi, Cils e Plida, comprende i test finali, presenti al termine di ciascuna unità (da proporre dopo le pagine di civiltà), 2 test di ricapitolazione (uno ogni tre unità), un Gioco didattico, tipo "gioco dell'oca", che riprende gli input più significativi delle 6 unità.

La piattaforma i-d-e-e.it

Nella seconda di copertina del volume gli studenti trovano un codice di accesso alla piattaforma didattica i-d-e-e.it. Questo codice fornisce accesso gratuito per 12 mesi (dal momento dell'attivazione) ai seguenti materiali didattici e strumenti:

- gli esercizi del Quaderno completamente interattivi, con correzione e valutazione automatica. Gli studenti possono svolgerli in piena autonomia e ripeterli in qualsiasi momento se desiderano esercitarsi di più;
- gli episodi video e le puntate del Quiz;
- le tracce audio in modalità naturale e rallentata;
- i nuovi Giochi digitali, un'esclusiva di Edilingua, che permettono un ripasso divertente ed estremamente efficace;
- la Grammatica interattiva, test e giochi preparati dall'insegnante, lo spazio classe ecc.

Inoltre, su i-d-e-e gli studenti possono acquistare diversi libri in versione e-book (il Libro dello studente, letture semplificate, il Nuovo Vocabolario visuale, i Verbi e altro) e tanti altri materiali (video, audio).

Su i-d-e-e gli insegnanti, da parte loro:

- vedono i risultati degli esercizi svolti dai loro studenti e gli errori commessi da ciascuno. Questo gli permette, inoltre, di dedicare meno tempo alla correzione degli esecizi in aula;
- trovano tutti i video del corso;
- possono assegnare alle proprie classi decine di test e giochi già pronti, personalizzandoli, o crearne di nuovi;
- trovano il software per la Lavagna Interattiva Multimediale di *Nuovissimo Progetto italiano 1* (disponibile anche in versione offline su DVD-ROM);
- possono consultare altri libri didattici di Edilingua.

Questo simbolo, che gli studenti trovano a metà e alla fine di ogni unità del Quaderno degli esercizi, indica che sulla piattaforma i-d-e-e sono disponibili i nostri nuovi Giochi digitali (*Cartagio, Luna Park, Il giardino di notte, Orlando* e *Sogni d'oro*) che permettono allo studente di ripassare i contenuti dell'unità.

I materiali extra

Nuovissimo Progetto italiano 1a è completato da una serie di innovative risorse supplementari.

- **i-d-e-e**: un'innovativa piattaforma che comprende tutti gli esercizi del Quaderno in forma interattiva e una serie di risorse extra e strumenti per studenti e insegnanti.
- **E-book**: il libro dello studente in formato digitale per dispositivi Android, iOS e Windows (su blinklearning.com).
- **Software per la Lavagna Interattiva Multimediale**: semplice, funzionale e completo. Basta un proiettore per rendere la lezione più motivante e collaborativa. Disponibile anche su i-d-e-e.it, nell'ambiente insegnanti.
- **Episodi video** di una sit-com didattica e il Quiz "Lo so io", disponibili su i-d-e-e.it. L'episodio video e le rispettive attività sono un divertente ripasso dei contenuti comunicativi, lessicali e grammaticali dell'unità.
- **Tracce audio**, da ascoltare/scaricare attraverso un QR code, ma anche disponibili su i-d-e-e.it.
- **Dieci Racconti** (anche in formato e-book): brevi letture graduate ispirate alle situazioni del Libro dello studente.
- **Giochi digitali**: diverse tipologie per ripassare i contenuti di ogni unità, disponibili gratuitamente su i-d-e-e.it.
- **Gioco di società**: con quattro diverse tipologie di gioco per ripassare e consolidare quanto appreso in maniera divertente.
- **Supplementi in varie lingue**: con note grammaticali e la spiegazione di tutti i termini e le espressioni per ogni unità, in formato e-book su i-d-e-e.it.
- **Glossario interattivo**: applicazione gratuita per dispositivi iOS e Android per imparare e consolidare il lessico in maniera efficace e divertente.

Tanti altri materiali sono gratuitamente disponibili sul sito di Edilingua: la *Guida digitale*, con preziosi suggerimenti e tanti materiali fotocopiabili; la *Guida DaD*, una particolareggiata guida per la Didattica a Distanza; i *Test di progresso*; i *Glossari in varie lingue*; le *Attività extra e ludiche*; i *Progetti*, uno per unità, per una didattica cooperativa e orientata all'azione (*task based learning*); le *Attività online*, cui rimanda un apposito simbolo alla fine di ogni unità e propongono, attraverso siti sicuri e controllati periodicamente, motivanti esercitazioni che accompagnano lo studente alla scoperta di un'immagine più viva e dinamica della cultura e della società italiana; il *Sillabo*, che coordina tutti i materiali del corso e suggerisce come utilizzarli in ogni lezione.

Buon lavoro
Telis Marin

Legenda dei simboli

Inquadra il QR code con il tuo smartphone/tablet per ascoltare/scaricare la traccia n. 12

Produzione orale libera

Attività in coppia

Situazione comunicativa

Produzione scritta (40-50 parole)

Attivita ludica

Fate le Attività video a pagina 87

Mini progetti (*task*)

Fate l'esercizio 11 a pagina 104 del *Quaderno*

Giochi dell'unità su i-d-e-e.it

Andate su www.edilingua.it e fate le attività online

A Parole e lettere

1 Cosa è l'Italia per voi? Confrontate le vostre risposte con quelle dei compagni.

2 Lavorate in coppia. Abbinate le foto numerate a queste parole.

☐ musica ☐ arte ☐ spaghetti ☐ moda ☐ espresso ☐ opera ☐ cappuccino ☐ cinema

Conoscete altre parole italiane?

In questa unità impariamo...

- a fare lo spelling
- a presentarci, presentare
- a salutare
- a dire la nazionalità
- i numeri cardinali (1-30)
- a chiedere e dire il nome e l'età
- l'alfabeto italiano
- la pronuncia (c, g, s, sc, gn, gl, z, doppie consonanti)
- i sostantivi
- gli aggettivi in -o/a
- l'articolo determinativo
- il presente indicativo: essere, avere, chiamarsi (io, tu, lui/lei)

3 Le lettere dell'alfabeto: ascoltate e ripetete.

L'alfabeto italiano

A a	a	**H h**	acca	**Q q**	qu
B b	bi	**I i**	i	**R r**	erre
C c	ci	**L l**	elle	**S s**	esse
D d	di	**M m**	emme	**T t**	ti
E e	e	**N n**	enne	**U u**	u
F f	effe	**O o**	o	**V v**	vi (vu)
G g	gi	**P p**	pi	**Z z**	zeta
J j	i lunga	**W w**	doppia vu	**Y y**	ipsilon (i greca)
K k	cappa	**X x**	ics		*In parole di origine straniera*

4 Scrivi il tuo nome e leggi "lettera per lettera", come nell'esempio.

Mi chiamo Mario:
emme-a-erre-i-o.

5 a Pronuncia (1).
Ascoltate e ripetete le parole.

c - g

caffè	ca
Colosseo	co
cucina	cu
galleria	ga
gondola	go
lingua	gu
ciao	ci
limoncello	ce
parmigiano	gi
gelato	ge
chiave	chi
zucchero	che
ghiaccio	ghi
portoghese	ghe

b Ascoltate e scrivete le parole accanto al suono giusto, come nell'esempio in blu.

ca *musica*
co ....

ga ....
go ....

ci ....

gi ....

chi ....

ghe ....

B Italiano o italiana?

1 Osservate.

studente   studenti

pagina   pagine

chiave   chiavi

gelato   gelati

2 Scrivete le parole mancanti e completate la regola.

I sostantivi (nomi)

maschili		femminili	
singolare	plurale	singolare	plurale
.... →	gelati	pagina →	....
studente →	....	chiave →	....

I nomi
• maschili che finiscono in -o al plurale finiscono in -i
• femminili che finiscono in -a al plurale finiscono in ....
• maschili e femminili che finiscono in -e al plurale finiscono in ....

Sostantivi irregolari o particolari (come sport*) sono nell'Approfondimento grammaticale a pagina 155.*

3 Scrivete le parole al singolare o al plurale.

1. ....
→ finestre

2. pesce
→ ....

3. ....
→ gelati

4. notte
→ ....

5. ....
→ treni

6. borsa
→ ....

4 Osservate la tabella e scrivete le parole al plurale.

1. ragazzo alto

2. casa nuova

3. finestra aperta

4. macchina rossa

> ragazzo italiano → ragazzi italiani
> ragazza italiana → ragazze italiane
>
> Le parole in blu sono aggettivi:
> descrivono persone o cose.

es. 1-3 p. 95

C   Ciao, io sono Alice.

 1 A quale foto corrisponde ogni dialogo? Ascoltate e indicate con *a* o *b*.

 2 Lavorate in coppia. Ascoltate di nuovo e completate i dialoghi.

a
Stella: Buongiorno, Alice. Questi sono Gary e Bob.
Alice: Ciao, io .... Alice. Siete americani?
Bob: Io sono americano, lui è australiano!

b
Giorgia: Ciao, questa .... Dolores.
Matteo: Piacere Dolores, io sono Matteo. .... spagnola?
Dolores: Sì, e tu?
Matteo: Sono italiano.

3 Leggete i dialoghi e completate la tabella.

Il verbo *essere*

io	....		noi	siamo	
tu	sei	italiano/a	voi	....	italiani/e
lui, lei	....		loro	sono	

4 Osservate le foto e oralmente costruite delle frasi come nell'esempio. *Lui è Paolo, è italiano.*

Maria, brasiliana

Hamid, marocchino

Paolo, italiano

Diego e José, argentini

Maria e Carmen, spagnole

Susanne, tedesca

John e Larry, americani

5 In gruppi di tre, fate un dialogo come quelli dell'attività C2. Cambiate i nomi e le nazionalità.

es. 4-5 p. 96

 6 a Pronuncia (2).
Ascoltate e ripetete
le parole.

s - sc

studente	musica	prosciutto	tedeschi
sette	svizzero	pesce	maschera
borsa	**s**	**sc**	**sc+h**
s			

espresso
ss

 b Ascoltate e scrivete
le parole sotto il
suono giusto, come
nell'esempio in blu.

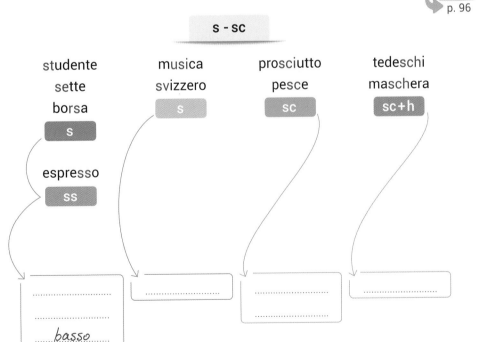

....
....
basso

....

....
....

....

D   Il ragazzo o la ragazza?

1 Ascoltate le frasi. Poi, in coppia, abbinate le immagini (a-h) alle frasi (1-6). Attenzione, ci sono 2 immagini in più!

07

a ☐   h ☐   g ☐   b ☐   c ☐   f ☐   d ☐

07 **2** Ascoltate di nuovo e cerchiate l'articolo che sentite. Poi completate la tabella.

e ☐

1. Questa è la / l' macchina di Paolo.
2. Ah, ecco i / le chiavi!
3. Gli / I studenti di italiano sono molti.
4. No, questo non è lo / il libro di Anna.
5. Il calcio è lo / il sport più bello!
6. Scusi, è questo il / l' autobus per il centro?

L'articolo determinativo

maschile				femminile			
singolare		plurale		singolare		plurale	
....	ragazzo	→ i	ragazzi	la	ragazza	→	ragazze
l'	albero	→ gli	alberi	l'	isola	→ le	isole
....	studente, zio	→	studenti, zii				

3 Completate con gli articoli dati.

gli × *la* × *il* × *i* × *l'* × *gli* × *il* × *lo*

1. .... stivali

2. .... zaino

3. .... zia

4. .... panino

5. .... aerei

6. .... opera

7. .... numeri

8. .... museo

4 Formate delle frasi come nell'esempio:

Potete seguire l'ordine proposto
o fare altre combinazioni!

| macchina rossa |
→ *La macchina è rossa.*

| casa bella | pesci piccoli | libri nuovi | ristorante italiano | vestiti moderni | zio giovane |

es. 6-10
p. 97

5 Completate la tabella con i numeri: *otto, uno, quattro, tre, sette.*

I numeri da 1 a 10

1	....	6	sei
2	due	7	....
3	....	8	....
4	....	9	nove
5	cinque	10	dieci

Scrivete il risultato:

tre + cinque =

....

6 a Pronuncia (3).
Ascoltate e ripetete le parole.

gn - gl - z

insegnante spagnolo	**gn**
glossario inglese	**gl**
figlio famiglia	**gli**
zero zaino azione canzone	**z**
pizza mezzo	**zz**

b Ascoltate e scrivete le parole accanto al suono giusto, come nell'esempio in blu.

gn *lavagna*

gl ....

gli ....

z ....

zz ....

E Chi è?

1 Ascoltate e abbinate i mini dialoghi (1-4) ai disegni (a-d).

a ☐   b ☐   c ☐   d ☐

2 Ascoltate e leggete i dialoghi per verificare le vostre risposte.

1. ● Tesoro, hai tu le chiavi di casa?
   ● Io? No, io ho le chiavi della macchina.
   ● E le chiavi di casa dove sono?

2. ● Chi è questa ragazza?
   ● La ragazza con la borsa? Si chiama Carla.
   ● Che bella ragazza!

3. ● Sai, Maria ha due fratelli: Paolo e Dino.
   ● Davvero? E quanti anni hanno?
   ● Paolo ha 11 anni e Dino 16.

4. ● Ciao, io mi chiamo Andrea, e tu?
   ● Io sono Sara.
   ● Piacere!

3 Leggete di nuovo i dialoghi e completate la tabella.

Il verbo *avere*

io	ho	
tu	hai	22 anni
lui, lei	....	
noi	abbiamo	
voi	avete	il libro
loro	....	

Osservate:

io	mi chiamo	Marco
tu	ti chiami	Sofia
lui, lei	si chiama	Roberto/a

4 Abbinate le risposte (a-d) alle domande (1-4).

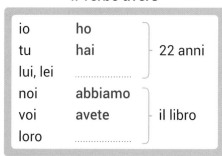

a. Sì, un fratello e una sorella.
b. 18.
c. E io sono Paola, piacere.
d. Antonio.

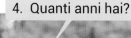
4. Quanti anni hai?

1. Hai fratelli?

2. E tu come ti chiami?

3. Ciao, io mi chiamo Matteo.

5 Lavorate in coppia. Completate la tabella con: *ventiquattro, sedici, trenta, ventisette.*

I numeri da 11 a 30

11	undici	16	....	21	ventuno	26	ventisei
12	dodici	17	diciassette	22	ventidue	27	....
13	tredici	18	diciotto	23	ventitré	28	ventotto
14	quattordici	19	diciannove	24	....	29	ventinove
15	quindici	20	venti	25	venticinque	30	....

6 **Sei A**: chiedi al tuo compagno:

Sei B: rispondi alle domande di A.

- *come si chiama*
- *quanti anni ha*
- *come si scrive (lettera per lettera) il suo nome e cognome*

Alla fine A riferisce alla classe le risposte di B ("Lui/Lei si chiama..., ha...").

es. 11-14
p. 99

11 **7 a Pronuncia** (4).
Ascoltate e ripetete le parole.

doppie consonanti

piccolo **cc**
cappuccino

caffè **ff**
difficile

oggi **gg**
aggettivo

fratello **ll**
sorella

mamma **mm**
immagine

nonna **nn**
anno

terra **rr**
corretto

otto **tt**
notte

12 **b** Ascoltate e scrivete le parole accanto al suono giusto, come nell'esempio in blu.

cc *doccia*

ff

gg

ll

mm

nn

rr

tt

AUTOVALUTAZIONE

Cosa ricordi dell'unità introduttiva?

1 Abbina le due colonne.

1. Presentarsi
2. Dire la nazionalità
3. Chiedere il nome
4. Chiedere l'età

- a. *Quanti anni hai?*
- b. *Io sono Maria, piacere!*
- c. *Come ti chiami?*
- d. *Lucy è americana.*

2 Scegli l'alternativa corretta.

1. La / Le macchina di Paolo è rossa.
2. Loro sono / è brasiliani.
3. Giulia ha / abbiamo 25 anni.
4. Il / L' gelato è buono.
5. Lei ha / è due fratelli.
6. Il / Gli zii sono giovani.

3 Scrivi il singolare o il plurale.

1. la finestra aperta → ....
2. lo sport americano → ....
3. .... → le ragazze alte
4. .... → le case nuove
5. il libro italiano → ....
6. .... → le borse piccole

Controlla le soluzioni a pagina 92. Sei soddisfatto/a?

Test finale

Un nuovo inizio

Per cominciare...

1 Osservate le foto: quale tra queste situazioni è più importante per voi? Perché?

Per me è più importante.... E per te?

un nuovo lavoro

un nuovo amore

una nuova casa

un nuovo amico / una nuova amica

una nuova città

2 Prima di ascoltare il dialogo tra Gianna e Lorenzo, leggete le parole sotto. Secondo voi, di quale inizio parlano (attività 1)?

Secondo me, parlano di...

No, secondo me... / Sì, anche per me...

simpatica	giornale	casa	collega
metro	centro	carina	macchina

13

3 Ascoltate il dialogo e verificate le vostre ipotesi.

In questa unità impariamo...	• a chiedere e dare informazioni	• il presente indicativo: verbi regolari
	• a salutare e rispondere al saluto	• l'articolo indeterminativo
	• a usare la forma di cortesia	• gli aggettivi in -e
	• a descrivere una persona: aspetto fisico, carattere	• le regioni e le città italiane

A   Sono molto contenta.

1 Ascoltate di nuovo e indicate se le affermazioni
sono vere o false.

	V	F
1. Domani è il primo giorno di lavoro per Gianna.		
2. Gianna è contenta del nuovo lavoro.		
3. Michela è una ragazza simpatica.		
4. L'ufficio apre alle 10.		

2 In coppia, leggete il dialogo per verificare le vostre risposte.

Gianna: Pronto?

Lorenzo: Ciao Gianna! Come stai?

Gianna: Ehi, Lorenzo! Bene, e tu?

Lorenzo: Tutto bene. Pronta per domani?

Gianna: Sì, certo. Anche se è la prima volta che lavoro in un giornale...

Lorenzo: Sei contenta?

Gianna: Sì, molto!

Lorenzo: Perfetto! Ah Michela, la tua collega, abita vicino a casa mia.

Gianna: Davvero? E com'è?

Lorenzo: È una ragazza simpatica e carina. Lavora lì da due anni.

Gianna: Ah, bene!

Lorenzo: Ma a che ora apre l'ufficio?

Gianna: Alle 9. Prendo la metro e in dieci minuti sono lì.

Lorenzo: Che fortuna! E a che ora finisci?

Gianna: Alle 6.

Lorenzo: Buon inizio, allora.

Gianna: Grazie!

> **Osservate**
>
> *Come stai?*
> *Bene, e tu?*

3 Rispondete alle domande.

1. Cosa fa Gianna per la prima volta?
2. Chi è Michela?
3. A che ora inizia a lavorare Gianna?

4 Completate i fumetti con i verbi del dialogo e scrivete il nome della persona che parla, come nell'esempio in blu.

.... lì da due anni.

[*Lorenzo*]

.... la metro e in dieci minuti sono lì.

[.....................]

È la prima volta che .... in un giornale.

[.....................]

A che ora ....?

[.....................]

 5 Lavorate in coppia. Scrivete i verbi dell'attività 4 al posto giusto.

io	....	....
tu		....
lui/lei	....	

6 Completate la tabella.

Il presente indicativo

	1ª coniugazione -are	2ª coniugazione -ere	3ª coniugazione -ire	
	lavorare	prendere	aprire	finire
io	lavoro	....	apro	finisco
tu	lavori	prendi	apri	....
lui/lei/Lei	....	prende	....	finisce
noi	lavoriamo	prendiamo	apriamo	finiamo
voi	lavorate	prendete	aprite	finite
loro	lavorano	prendono	aprono	finiscono

Nota: come aprire: *dormire, offrire, partire, sentire* ecc.
come finire: *capire, preferire, spedire, unire, pulire, chiarire, costruire* ecc.

7 In coppia, rispondete alle domande come nell'esempio.

> Che tipo di musica ascolti? (musica italiana)

> Ascolto musica italiana.

Prendete l'autobus?
(*la metro*)

A che ora arrivi a casa?
(*alle dieci*)

Capisci tutto quando parla l'insegnante? (*molto*)

Quando partite per Perugia?
(*domani*)

Dove abitano Anna e Maria?
(*a Piazza Navona*)

es. 1-8
p. 101

3 Una pizza con i colleghi

1 Leggete i messaggi di Gianna e Lorenzo e abbinate le due colonne sotto, come nell'esempio in blu.

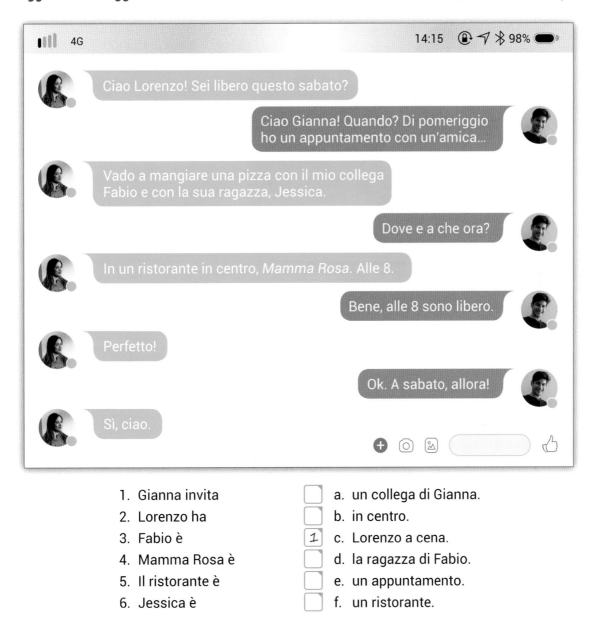

1. Gianna invita ▢
2. Lorenzo ha ▢
3. Fabio è *1* c. Lorenzo a cena.
4. Mamma Rosa è ▢
5. Il ristorante è ▢
6. Jessica è ▢

a. un collega di Gianna.
b. in centro.
c. Lorenzo a cena.
d. la ragazza di Fabio.
e. un appuntamento.
f. un ristorante.

2 Completate la tabella con gli articoli indeterminativi che trovate nei messaggi di Gianna e Lorenzo.

L'articolo indeterminativo

maschile		femminile	
....	ristorante appuntamento	....	pizza
uno	studente zaino	....	amica

3 Completate il dialogo con gli articoli indeterminativi.

amico di Fabio:	Allora, ci vediamo dopo?
Fabio:	No, stasera ho .... (1) appuntamento con Jessica.
amico:	Chi è Jessica?
Fabio:	La mia ragazza.
amico:	Ah!
Fabio:	Sì, ... (2) ragazza bella e molto dolce: occhi verdi, capelli biondi, alta. E poi è anche .... (3) persona simpatica!
amico:	Ma Jessica è .... (4) nome italiano?
Fabio:	Mah... sì, però lei è americana. È qui a Milano per .... (5) corso d'italiano.

4 Sostituite l'articolo determinativo, in blu, con quello indeterminativo.

il ragazzo alto **|** l'attore famoso **|** la domanda difficile
l'idea interessante **|** il corso d'italiano

es. 9-10 p. 104

5 Nel dialogo tra Fabio e il suo amico leggiamo "una ragazza dolce". Osservate nella tabella le lettere in blu.

Aggettivi in -e

il libro la storia	interessante	l'uomo l'idea	intelligente
i libri le storie	interessanti	gli uomini le idee	intelligenti

6 Con i sostantivi e gli aggettivi dati formate frasi come questa: "I ragazzi sono intelligenti".

casa — verdi
dialogo — difficili
libri — importante
ragazzi — grande
gonne — interessante
anno — gentili

es. 11 p. 104

C Di dove sei?

1 Ascoltate il dialogo del primo incontro tra Fabio e Jessica e rispondete alle domande.

    1. Di dov'è Jessica?   2. Perché è in Italia?   3. Dove abita?

2 Sottolineate nel dialogo le espressioni che usano i due ragazzi per chiedere informazioni.

Jessica: Scusa, per andare in centro?

Fabio: ...In centro? Ehm... prendi il 22 e scendi all'ultima fermata...

Jessica: Grazie!

Fabio: Prego! Sei straniera, vero? Di dove sei?

Jessica: Sono americana, di Chicago.

Fabio: Chicago... e sei qui per lavoro?

Jessica: No, per studiare l'italiano. Sono qui da due giorni.

Fabio: Allora, ben arrivata! Io mi chiamo Fabio.

Jessica: Io sono Jessica, piacere!

Fabio: Piacere! Comunque complimenti, parli già molto bene l'italiano!

Jessica: Grazie!

Fabio: Ehm... e abiti qui vicino?

Jessica: In via Verdi. E tu, dove abiti?

Fabio: Anch'io abito in via Verdi!

Jessica: Davvero? Ah, ecco l'autobus... A presto, allora!

Fabio: A presto! Ciao!

3 Completate i mini dialoghi con le domande.

● ....?

● Prendi la metro e scendi alla fermata Duomo.

● ....?

● No, sono spagnola.

● ....?

● Sono di Malaga.

● ....?

● No, sono in Italia per lavoro.

● ....?

● In via delle Belle Arti.

Chiedere informazioni	Dare informazioni
Scusa, per...? / Scusa, per andare...?	*Prendi l'autobus e...*
Sei straniero, vero?	*Sì, sono francese.*
Di dove sei?	*Sono di Parigi.*
Sei qui per motivi di lavoro?	*No, sono in Italia per studiare l'italiano.*
Da quanto tempo sei qui? / Da quanto tempo studi l'italiano?	*Sono in Italia da due anni. / Studio l'italiano da due anni.*
Dove abiti?	*Abito in via Giulio Cesare, al numero 3.*

4 Sei *A*: chiedi al tuo compagno:

- *se è straniero*
- *di dove è*
- *da quanto tempo studia l'italiano*
- *dove abita*

Sei *B*: osserva le espressioni sopra in tabella e rispondi alle domande di *A*.

es. 12-
p. 10

D Ciao Maria!

1 Osservate le persone nei disegni sotto. Cosa dicono, secondo voi?

2 Ascoltate i mini dialoghi e indicate a quali immagini corrispondono. Dopo ascoltate di nuovo e verificate le vostre risposte.

a

b

c

d

3 Usate i saluti della tabella sotto e fate dei mini dialoghi per le seguenti situazioni.

Salutare e rispondere al saluto

Buongiorno!
Buon pomeriggio!
Buonasera!
Buonanotte!

Ciao!
Salve!
Ci vediamo! — (informale)
Arrivederci!

ArrivederLa!   (formale)

1

2

3

4

5

4 Sei A: saluta un amico

Sei B: rispondi ai saluti di A.

- *all'università la mattina*
- *quando esci dalla biblioteca alle 15*
- *al bar verso le 18*
- *quando esci dall'ufficio alle 20*
- *dopo una serata in discoteca*

E   Lei, di dov'è?

1 Leggete il dialogo e rispondete alle domande.

signore: Scusi, sa dov'è via Alberti?

signora: No, non abito qui, sono straniera.

signore: Straniera?! Complimenti! Ha una pronuncia perfetta! E... di dov'è?

signora: Sono svizzera.

signore: Ah, ed è qui in vacanza?

signora: Sì, ma non è la prima volta che visito l'Italia.

signore: Ah, ecco perché parla così bene l'italiano. Allora... arrivederLa, signora!

signora: ArrivederLa!

1. Cosa chiede il signore?   2. Di dov'è la signora?   3. Perché è in Italia?

2 Leggete i due dialoghi e osservate le differenze.

a.

Jessica: Scusa, per andare in centro?

Fabio: ...In centro? Allora... prendi il 12 e scendi all'ultima fermata...

Jessica: Grazie!

Fabio: Prego! Sei straniera, vero? Di dove sei?

b.

signore: Scusi, sa dov'è via Alberti?

signora: No, non abito qui, sono straniera.

signore: Straniera?! Complimenti! Ha una pronuncia perfetta! E... di dov'è?

In italiano è possibile *dare del tu* a una persona (come nel dialogo a) oppure *dare del Lei* (come nel dialogo b), con il verbo alla terza persona singolare. Quest'ultima è la forma di cortesia. Esiste una forma simile nella vostra lingua?

 3 Sei A: chiedi a una persona che non conosci bene:

- *come si chiama*
- *quanti anni ha*
- *se studia o lavora*
- *se abita vicino*

Puoi cominciare con "Scusi, signore/signora...?"

Sei B: rispondi alle domande di A. Poi chiedi "E Lei?" e A risponde.

es. 14
p. 106

F Com'è?

16 **1** Mettete in ordine il dialogo. Poi ascoltate e verificate le vostre risposte.

- [ ] Com'è Michela? Bella?
- [ ] E gli occhi come sono?
- [ ] Bruna e ha i capelli non molto lunghi.
- [ ] Ha gli occhi marroni, grandi e bellissimi!
- [ ] Sì, è alta e magra. È anche molto simpatica.
- [3] È bionda o bruna?

2 Rileggete la descrizione di Michela e scrivete sotto gli aggettivi che mancano.

Per descrivere l'aspetto fisico

è / non è:

giovane / anziano

.... / brutto

.... / basso

ha i capelli:

corti / ....

rossi

neri

....

castani

ha gli occhi:

azzurri

....

castani (marroni)

verdi

Per descrivere il carattere

è / sembra:

.... / antipatico   allegro / triste   scortese / gentile

3 Un viso famoso. Completate con: *i capelli, l'occhio, il naso*.

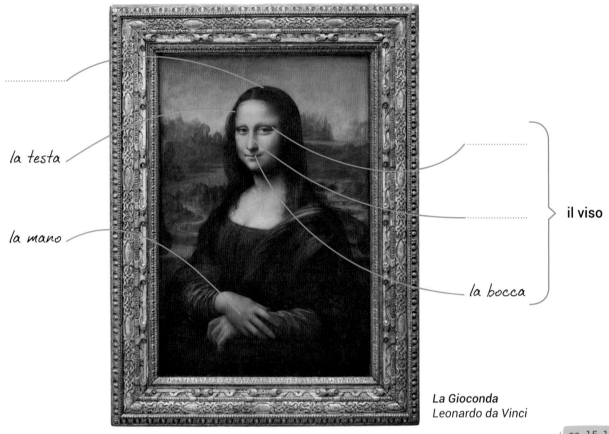

la testa

la mano

la bocca

il viso

La Gioconda
Leonardo da Vinci

es. 15-16
p. 106

4 Su un foglio descrivete il vostro aspetto e il vostro carattere, ma non scrivete il vostro nome. Poi con il foglio fate un aeroplano di carta (seguite le istruzioni sotto) che lanciate tutti insieme. Ogni studente prende un aeroplano, legge il foglio e dice chi è la persona descritta.

 1. 2. 3. 4. 5. 6. 7.

5 A turno, descrivete un vostro compagno, senza dire il nome. Gli altri devono capire chi è!

Ha i capelli lunghi, ha gli occhi neri, è simpatico.

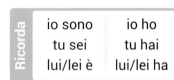

Ricorda

io sono	io ho
tu sei	tu hai
lui/lei è	lui/lei ha

30-40 **6** Scriviamo

Descrivi il tuo miglior amico (nome, età, carattere, aspetto, da quanto tempo siete amici, …).

p. 87

 Test finale

LIECHTENSTEIN

AUSTRIA

UNGHERIA

SVIZZERA

SLOVENIA

CROAZIA

BOSNIA ED ERZEGOVINA

VALLE D'AOSTA

Bolzano

TRENTINO-ALTO ADIGE

Belluno

FRIULI-VENEZIA GIULIA

Trento

Udine

Gorizia

Verbania

Lecco

LOMBARDIA

Como

Sondrio

VENETO

Treviso

Trieste

Biella

Varese

Bergamo

Brescia

Vicenza

Padova

Venezia

Pordenone

Novara

Monza

Milano

Verona

Vercelli

Lodi

Pavia

Cremona

Mantova

Rovigo

Torino

Alessandria

Piacenza

PIEMONTE

Asti

Parma

Ferrara

Reggio Emilia

Modena

Bologna

Ravenna

Cuneo

Savona

Genova

EMILIA-ROMAGNA

Forlì

LIGURIA

Cesena

La Spezia

Carrara

Rimini

Massa

Pistoia

SAN MARINO

Pesaro

Imperia

Lucca

Prato

Lucca

Pisa

Firenze

Urbino

Ancona

Livorno

TOSCANA

Arezzo

MARCHE

MAR LIGURE

Siena

Macerata

Perugia

Fermo

Isola d'Elba

UMBRIA

Ascoli Piceno

Grosseto

Terni

Teramo

Corsica

Viterbo

Rieti

Pescara

MAR ADRIATICO

L'Aquila

Chieti

ABRUZZO

LAZIO

ROMA

Isernia

MOLISE

Frosinone

Campobasso

Foggia

Latina

Barletta

Trani

Caserta

Benevento

Andria

Bari

CAMPANIA

PUGLIA

Olbia Tempio

Napoli

Avellino

Sassari

Salerno

Potenza

Brindisi

Nuoro

Isola d'Ischia

Matera

Taranto

Lecce

SARDEGNA

Isola di Capri

BASILICATA

Oristano

Ogliastra

Medio Campidano

MAR TIRRENO

Carbonia Iglesias

CALABRIA

Cosenza

Cagliari

Crotone

Catanzaro

Isole Eolie o Lipari

Vibo Valentia

MAR IONIO

Messina

Palermo

Reggio di Calabria

Isole Egadi

Trapani

SICILIA

Enna

Caltanissetta

Catania

Agrigento

Siracusa

Isola di Pantelleria

Ragusa

ALGERIA

TUNISIA

Attività online

L'Italia: regioni e città

Osservate la cartina.

1. Quante regioni ha l'Italia?
2. Quali sono le città più importanti?
3. Cosa conoscete di queste città?

Che cosa ricordi delle prime due unità?

1 Sai...? Abbina le due colonne.

1. salutare
2. descrivere l'aspetto
3. dire l'età
4. dare informazioni
5. descrivere il carattere

☐ a. *Buonasera Stefania!*
☐ b. *Abitiamo in via Paolo Emilio, 28.*
☐ c. *È una bella ragazza.*
☐ d. *Luca è un ragazzo allegro.*
☐ e. *Paolo ha 18 anni.*

2 Abbina le frasi.

1. Parli molto bene l'italiano!
2. Ciao, come stai?
3. Io mi chiamo Giorgio.
4. Scusi, di dov'è?
5. Sei qui in vacanza?

☐ a. No, per studiare l'italiano.
☐ b. Grazie!
☐ c. Sono spagnolo.
☐ d. Piacere, Stefania.
☐ e. Molto bene e tu?

3 Completa.

1. Il contrario di *alto*: ....
2. Due regioni italiane: ....
3. La seconda persona singolare di *capire*: ....
4. La seconda persona plurale di *avere*: ....

4 Scopri le sei parole nascoste.

a r o n a s o t r i t e t r e n t a p o t t e s t a z u b i o n d o g e n m i n u t i p l i s e d i c i

Controlla le soluzioni a pagina 92.
Sei soddisfatto/a?

La Fontana di Trevi, Roma

Tempo libero

Unità 2

Per cominciare...

1 Osservate le immagini e indicate:

- due attività del vostro tempo libero
- un'attività noiosa o poco interessante
- un'attività interessante ma che non fate

giocare con i videogiochi

andare in palestra

ballare

leggere un libro

suonare uno strumento

guardare la televisione

ascoltare musica

andare al cinema/ a teatro

2 Girate per la classe e discutete con alcuni compagni, come nell'esempio.

Mi piace/ Non mi piace... E a te?

Secondo me è interessante... E per te?

17

3 Ascoltate le interviste a tre persone. Di quali attività parlano?

In questa unità impariamo...

- a invitare, accettare/rifiutare un invito
- a descrivere un appartamento, un'abitazione
- a chiedere e dire l'indirizzo, che giorno è, l'ora
- a parlare del tempo libero
- i numeri cardinali (30-2.000) e i numeri ordinali
- i giorni della settimana

- il presente indicativo: verbi irregolari
- i verbi modali (potere, volere, dovere)
- le preposizioni a, da, in, con, per

- quali sono i mezzi di trasporto urbani
- come passano il tempo libero gli italiani

A   Cosa fai nel tempo libero?

1 Riascoltate le interviste e indicate le affermazioni corrette.

1. Giorgio
   - ☐ a. suona il violino
   - ☐ b. ha molti interessi
   - ☐ c. gioca con i videogiochi

2. Martina
   - ☐ a. va a teatro
   - ☐ b. ama leggere
   - ☐ c. fa sport

3. Francesca
   - ☐ a. balla il tango
   - ☐ b. va spesso al cinema
   - ☐ c. esce con gli amici

A. Giorgio, cosa fai nel tempo libero?

Nel mio tempo libero faccio varie attività: suono il pianoforte, gioco a calcio, leggo e il fine settimana esco con gli amici. Andiamo al cinema o a bere qualcosa.

B. Martina, come passi il tempo libero?

Adesso che sono in pensione, ho tanto tempo libero e faccio tante cose: suono in un gruppo musicale, vado in piscina per stare in forma, ascolto musica. Spesso viene la mia migliore amica e facciamo una partita a carte.

C. Francesca, sappiamo che sei molto impegnata con il tuo lavoro: hai però un po' di tempo per te?

Come forse sai, una donna con due figli che lavora, non ha molto tempo libero. Qualche volta, però, vado a teatro e ogni venerdì sera vado a un corso di tango. Il fine settimana spesso vengono amici a casa e mangiamo una pizza insieme.

2 In gruppo leggete le interviste e verificate le risposte dell'attività A1. Uno di voi è il giornalista e fa le domande, gli altri sono Giorgio, Martina, Francesca e leggono le risposte.

3 Rispondete alle domande.

1. Dove va Giorgio con gli amici?   2. Che sport fa Martina?   3. Quando va a teatro Francesca?

4 Leggete di nuovo le interviste e trovate i verbi per completare la tabella.

Presente indicativo
Verbi irregolari (1)

	andare	venire
io	....	vengo
tu	vai	vieni
lui/lei/Lei	va	....
noi	....	veniamo
voi	andate	venite
loro	vanno	....

Galleria Vittorio Emanuele, Milano

5 Completate con i verbi *andare* e *venire*.

1. Ma perché Tiziana e Mauro .... in centro a quest'ora?

2. Ragazzi, stasera noi .... a ballare, voi che fate?

3. Perché non .... anche voi al cinema?

4. Carla, a che ora .... a scuola la mattina?

5. Quando .... all'aeroporto Paolo?

6. Domani .... con te a Milano.

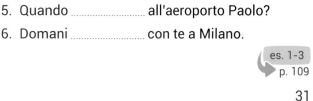

es. 1-3
p. 109

6 Lavorate in coppia: cercate nelle interviste i verbi per completare la tabella.

Presente indicativo
Verbi irregolari (2)

	dare	sapere	stare
io	do	so	sto
tu	dai	....	stai
lui/lei/Lei	dà	sa	sta
noi	diamo	sappiamo	stiamo
voi	date	sapete	state
loro	danno	sanno	stanno

	uscire	fare	giocare
io	....	faccio	....
tu	esci	fai	giochi
lui/lei/Lei	esce	fa	gioca
noi	usciamo	....	giochiamo
voi	uscite	fate	giocate
loro	escono	fanno	giocano

Nota: *Il verbo* giocare *(come il verbo* pagare*) è regolare ma, come vedete, presenta una particolarità. Altri verbi irregolari sono nell'Approfondimento grammaticale a pagina 159.*

7 Completate le domande.
Poi intervistate il vostro compagno.

> Con chi esci stasera?
> (tu, uscire)
>
> Esco con Paolo.

1. Che cosa .... per stare in forma? (tu, *fare*)
2. Il venerdì sera i tuoi amici .... a casa? (*stare*)
3. Dove andate tu e il tuo migliore amico quando ....? (*uscire*)
4. .... spesso con i videogiochi? (tu, *giocare*)
5. .... come si chiama l'insegnante? (tu, *sapere*)
6. Gli studenti .... del tu o del Lei all'insegnante? (*dare*)

es. 4-6
p. 110

3 Vieni con noi?

1 Leggete e ascoltate i mini dialoghi.

- Che fai domani? Andiamo al mare?
- Sì, volentieri! Con questo bel tempo non ho voglia di restare in città.

- Alessio, vieni con noi in discoteca stasera?
- Purtroppo non posso, devo studiare.
- Ma dai, oggi è venerdì!
- Beh, non è che non voglio, è che davvero non posso!

- Carla, domani pensiamo di andare a teatro. Vuoi venire?
- Certo! È da tempo che non vado a teatro!

- Senti, che ne dici di andare alla Scala stasera? Ho due biglietti!
- No, mi dispiace. Magari un'altra volta. Stefania non sta molto bene e voglio restare con lei.

2 Rileggete i dialoghi e cercate le espressioni per completare la tabella.

Invitare qualcuno	Accettare un invito	Rifiutare un invito
....	*Sì, grazie! / D'accordo!*	....
Vieni...?	....	
Vuoi venire?	....	*Ho già un impegno.*
....	*Perché no?*	....
Perché non...?	*Buona idea! / Perfetto!*	

3 Usate le espressioni dell'attività B2 per completare i mini dialoghi.

- Io e Maria pensiamo di andare al cinema.
- ....?
- .... È un'ottima idea.

- ....?
- Mi dispiace, non posso.

- ....?
- Volentieri!

- Andiamo al concerto di Bocelli? Ho due biglietti.
- ....

- Che ne dici di andare a Venezia per il fine settimana?
- ....

🎭 **4** Sei *A*: osserva i disegni e invita *B*...

a guardare la tv

a una mostra d'arte

a fare le vacanze insieme

a fare spese insieme

un fine settimana al mare

a mangiare la pizza

Sei *B*: accetta o rifiuta gli inviti di *A*.

es. 7
p. 111

C   Scusi, posso entrare?

1 Osservate queste frasi.

Non potete dire di conoscere il mondo se non visitate la Sicilia

Tutti vogliono tornare alla Natura ma pochi ci vogliono andare a piedi.

(J.A. Wollensky)

2 Completate la tabella con i verbi dell'attività C1.

I verbi modali

potere	Scusi, posso entrare? Gianna, puoi aspettare un momento? Professore, può ripetere, per favore? Purtroppo non possiamo venire a Firenze con voi. Ragazzi, ... guardare la TV fino alle 10. Marta e Luca non possono uscire stasera.	+ infinito
volere	Sai che cosa voglio fare oggi? Una gita al mare. Ma perché non vuoi mangiare con noi? Ma dove vuole andare a quest'ora Paola? Stasera noi non vogliamo fare tardi. Volete bere un caffè con noi? Secondo me, loro non .... venire.	+ infinito
dovere	Stasera devo andare a letto presto. Marco, non devi mangiare tanti dolci! Domani Gianfranco non deve andare in ufficio. Secondo me, ... girare a sinistra. Quando dovete partire per gli Stati Uniti? I ragazzi devono sempre tornare a casa presto.	+ infinito

3 a Completate le frasi con la forma corretta dei verbi tra parentesi.

1. Gianna e Matteo non __ __ __ __ __ ▨ __ partecipare alla gara di domani. (*potere*)

2. Sabato mattina __ __ __ __ __ ▨ __ __ andare in montagna. (*noi, volere*)

3. __ __ ▨ __ studiare molto per questo esame? (*tu, dovere*)

4. Perché non __ ▨ __ __ __ __ venire a Genova con noi? (*voi, potere*)

5. Dino e Lorenzo __ __ __ __ ▨ __ tornare a casa alle sei. (*dovere*)

6. Domani __ __ __ __ __ ▨ __ __ partire molto presto. (*noi, volere*)

b Adesso scrivete sotto le lettere delle caselle gialle e scoprite il nome di questa famosa piazza di Roma.

Piazza ☐ ☐ ☐ ☐ ☐ ☐

es. 8-9 p. 112

D   Dove abiti?

1 Ascoltate due volte la telefonata tra Gianna e Lorenzo e rispondete alle domande.

1. Dove abita Lorenzo?
2. Com'è il suo appartamento?
3. Com'è l'appartamento di Gianna?
4. Chi paga di più d'affitto?

2 Leggete il dialogo e verificate le vostre risposte.

Lorenzo: Pronto, Gianna?

Gianna: Oh, ciao Lorenzo, come va?

Lorenzo: Bene. Senti, sei libera domani pomeriggio?

Gianna: Sì, perché?

Lorenzo: Vieni a vedere il mio appartamento nuovo?

Gianna: Sì, volentieri! Dov'è, in centro?

Lorenzo: No, in periferia, a San Siro, in via Gorlini 40.
Puoi arrivare in metro allo stadio e prendere l'autobus, il 64.

Gianna: Va bene: il 64 da San Siro. E poi?

Lorenzo: La seconda fermata è proprio sotto casa. Io abito al primo piano.

Gianna: Perfetto. E com'è questo nuovo appartamento?

Lorenzo: Mah... non è molto moderno, però è comodo e luminoso: un soggiorno grande, camera da letto, cucina, bagno e un piccolo balcone.

Gianna: E quanto paghi di affitto?

Lorenzo: Eh... 600 euro...

Gianna: Beh, sei fortunato! Il mio è piccolo, al terzo piano senza ascensore e pago 500!

Lorenzo: Sì, ma il tuo è in centro! Allora... ci vediamo domani alle 6? Vieni con Michela?

Gianna: No, Michela è a Roma per lavoro, torna venerdì.

stadio San Siro, Milano

3 Rileggete il dialogo e scrivete i nomi delle stanze.

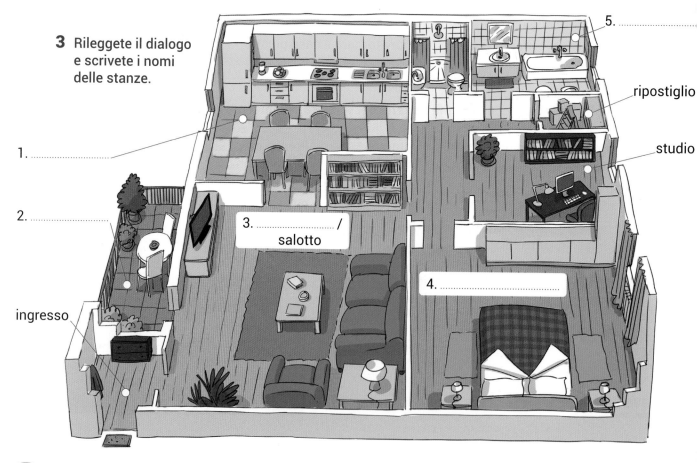

1. ....

2. ....

3. .... / salotto

4. ....

5. ....

ripostiglio

studio

ingresso

4 Descrivete la vostra abitazione ideale (o l'appartamento dove abitate): dite dov'è, quante e quali stanze ha, a quale piano è, se è grande o piccola, luminosa o no, moderna ecc.

50-60

5 Completate le tabelle con i numeri presenti nel dialogo D2.

I numeri da 30 a 2.000				I numeri ordinali	
30	trenta	300	trecento	1°	....
31	trentuno	400	quattrocento	2°	secondo
....	quaranta	....	cinquecento	3°	....
50	cinquanta	....	seicento	4°	quarto
60	sessanta	700	settecento	5°	quinto
70	settanta	800	ottocento	6°	sesto
80	ottanta	900	novecento	7°	settimo
90	novanta	1.000	mille	8°	ottavo
100	cento	1.900	millenovecento	9°	nono
200	duecento	2.000	duemila	10°	decimo

> Nota: dall'*11* in poi tutti i numeri ordinali finiscono in -*esimo*: *undicesimo* (*Approfondimento grammaticale a pagina 161*).

es. 10 p. 112

E È in centro?

1 In coppia. Cercate le preposizioni nel dialogo D2 e completate la tabella.

Le preposizioni

vado/vengo	....	periferia, centro, città metro, autobus, macchina ufficio, agenzia, biblioteca vacanza, montagna Italia, Sicilia via, piazza
	a	Roma, vedere, studiare casa, piedi, teatro
	....	cinema, ristorante, mare, primo piano, lavoro
	da	Michela, un amico
	con	
vengo/parto	da	Firenze, Roma
parto	per	Venezia, gli Stati uniti
	in	aereo, autobus

2 Rispondete oralmente alle domande, come nell'esempio.

> Dove andate stasera? (cinema)

> Andiamo al cinema.

1. Con che cosa vai a Roma? (*aereo*)
2. Dove dovete andare domani? (*centro*)
3. Dove vanno i ragazzi a quest'ora? (*discoteca*)
4. Che fai adesso? Dove vai? (*casa*)
5. Da dove viene Lucio? (*Palermo*)
6. Dove va Franco? (*Antonio*)

es. 11-13 p. 113

F Quando sei libera?

1 Lavorate in coppia. Ascoltate il dialogo e scrivete gli impegni di Silvia per il 3, il 5 e il 6 del mese.

Osservate:
sabato mattina
oggi pomeriggio
domani sera

lunedì = lunedì prossimo
il lunedì = ogni lunedì

2 Lavorate in coppia. Scrivete i vostri impegni sull'agenda. Poi il vostro compagno vi invita a fare qualcosa insieme. Rispondete come negli esempi.

Che ne dici di andare a mangiare una pizza?

Volentieri, quando?

Sei libero venerdì sera?

Sì. / No...

3 Parliamo e scriviamo

1. Hai abbastanza tempo libero o no? Perché?

2. Come passi il tuo tempo libero? Dove vai quando esci?

 40-50

3. Scrivi una lettera/mail a un amico per raccontare come passi il tuo tempo libero, come nell'esempio a destra.

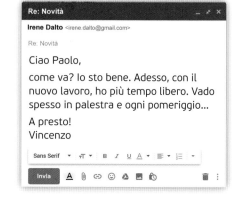

Re: Novità

Irene Dalto <irene.dalto@gmail.com>

Re: Novità

Ciao Paolo,

come va? Io sto bene. Adesso, con il nuovo lavoro, ho più tempo libero. Vado spesso in palestra e ogni pomeriggio...

A presto!
Vincenzo

G   Che ora è? / Che ore sono?

1 Osservate gli orologi, poi ascoltate e indicate gli orari che sentite.

Sono le nove.   Sono le sei e trentacinque.   Sono le sette meno venti.   È l'una.

Sono le venti e quindici.   È mezzogiorno.   È mezzanotte.   Sono le otto e cinque.

2 Adesso completate la tabella.

.... l'una **e** dieci.	.... **le** quattro **meno** venti.
È mezzogiorno **meno** un quarto.	**Sono** .... dodici **e** cinque.
È mezzanotte **e** mezzo/a (trenta).	**Sono le** venti **e** trenta.

3 Disegnate le lancette degli orologi.

Sono le tre e venti.   Sono le otto meno un quarto.   È l'una e mezzo.   Sono le due meno cinque.

4 Leggete gli orari e fate dei mini dialoghi, come negli esempi.

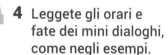

8:40 ✗ 9:20

12:45 ✗ 13:30

15:35 ✗ 18:15

22:00 ✗ 20:30

Scusi, signora, che ore sono?

Sono le nove meno venti. / Sono le otto e quaranta.

Scusa, che ora è?

È l'una e mezzo.

5 Giocate in coppia. A turno, rispondete alla domanda "Che ore sono?", ma ogni volta aggiungete 15 minuti, come nell'esempio. Il primo che sbaglia perde!

Sono le due.

Adesso sono le due e un quarto.

Adesso...

es. 14-16 p. 114

Test finale
p. 88

I mezzi di trasporto urbano

1 Leggete il testo e indicate le affermazioni corrette.

Nelle città italiane, i mezzi pubblici più usati sono l'autobus, il tram e, a Roma, Milano, Torino, Brescia, Genova, Napoli, anche la metropolitana.

I passeggeri* possono comprare il biglietto in tabaccheria*, all'edicola, al bar o alle macchinette automatiche che sono nelle stazioni della metropolitana o ad alcune fermate dell'autobus. Inoltre, è possibile pagare l'abbonamento online o comprare il biglietto con il cellulare.

I passeggeri dell'autobus e del tram devono convalidare (timbrare) il biglietto all'inizio della corsa. Le macchinette per la convalida del biglietto della metro sono nelle stazioni.

1. Hanno la metro
   - [ ] a. tutte le città italiane.
   - [ ] b. alcune città italiane.
   - [ ] c. solo Roma e Milano.

2. È possibile comprare il biglietto
   - [ ] a. in tabaccheria.
   - [ ] b. sulla metro.
   - [ ] c. al supermercato.

3. In genere, un passeggero dell'autobus deve convalidare il biglietto
   - [ ] a. prima di salire.
   - [ ] b. quando scende.
   - [ ] c. quando sale.

2 Guardate le foto e fate il cruciverba. Poi, con le lettere delle caselle blu completate il nome di un mezzo di trasporto urbano... un po' speciale, perché si trova solo a Venezia!

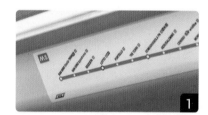

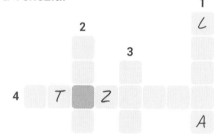

Cruciverba:

1. L
4. T _ Z ... A
5. _ I _
6.
7. _ O

V _ P _ _ _ _ _ O

Glossario. *urbano*: della città; *passeggero*: persona che viaggia in autobus, in treno ecc.; *tabaccheria*: negozio che vende sigarette, biglietti e altri oggetti; *navigare su internet*: passare da un sito all'altro; *lettrice*: donna che legge.

Il tempo libero degli italiani

1 Leggete e abbinate i testi alle foto.   1. ☐   2. ☐   3. ☐   4. ☐   5. ☐   6. ☐   7. ☐   8. ☐

1. Il 50% (per cento) degli italiani ama andare al cinema, il 20% va a teatro.

2. Il 46% dedica il proprio tempo soprattutto alla famiglia.

3. Il 29% fa sport, va in palestra, ama camminare, corre, va in bicicletta.

4. Il 54,7% degli italiani naviga su internet* o usa i social media.

5. Il 28,8% guarda la tv.

6. Il 27,6% legge. Ma la lettura è soprattutto femminile: le lettrici* sono il 37%, gli uomini il 20,8%.

7. Il 18% degli italiani fa lavori creativi, ad esempio giardinaggio.

8. Il 25% nel tempo libero preferisce stare con gli amici.

💬 **Parliamo**

1. Come sono i mezzi di trasporto urbano del vostro Paese/della vostra città? Le persone usano più l'auto o i mezzi?

2. Quanto costano i biglietti dei mezzi pubblici nel vostro Paese?

3. Tu quale mezzo usi per andare al lavoro, a scuola ecc.? Perché?

4. Nel vostro Paese, cosa fanno le persone nel tempo libero? Le percentuali sono le stesse dell'Italia?

Attività online

Cosa ricordi delle unità 1 e 2?

1 Sai...? Abbina le due colonne.

1. invitare
2. dire l'ora
3. accettare un invito
4. descrivere l'abitazione
5. rifiutare un invito

☐ a. *Grazie, ma purtroppo non posso.*
☐ b. *Andiamo insieme da Marco?*
☐ c. *Ha due camere da letto, bagno e cucina.*
☐ d. *Certo, perché no?*
☐ e. *Sono le tre e venti.*

2 Abbina le domande alle risposte.

1. Di dove sei?
2. Quanti anni ha Paolo?
3. Dove abiti?
4. Che tipo è?
5. Dove lavori?

☐ a. *In via San Michele, 3.*
☐ b. *È molto simpatico.*
☐ c. *Di Roma.*
☐ d. *In un ufficio.*
☐ e. *18.*

3 Completa.

1. Quattro preposizioni: ....
2. Prima di *sabato*: ....
3. Dopo *sesto*: ....

4. La prima persona singolare di *volere*: ....
5. La prima persona plurale di *fare*: ....

4 Scopri, in orizzontale e in verticale, le sei parole nascoste.

v	i	o	s	e	s	t	o	p	u
e	x	o	c	c	h	i	o	z	e
n	a	f	f	i	t	t	o	a	n
g	r	a	d	u	e	m	i	l	a
o	e	c	o	m	o	d	o	s	t

Il Ponte Vecchio, Firenze

Controlla le soluzioni a pagina 92. Sei soddisfatto/a?

Per cominciare...

1 Abbinate le parole alle immagini.

a. messaggio sul cellulare   b. lettera
c. email   d. social network
e. videochiamata   f. pacco postale

2 Quale mezzo usate per comunicare...

1. ...in vacanza?
2. ...in situazioni formali?
3. ...con il vostro migliore amico?
4. ...in conversazioni di gruppo?
5. ...con un collega?

22

3 Ascoltate il dialogo e indicate le affermazioni presenti.

1. Gianna non riesce a inviare un video.
2. Il server ha un problema.
3. Michela consiglia a Gianna di andare al bar.
4. Gianna non sa dov'è il bar Eden.
5. Lorenzo abita vicino all'università.

In questa unità impariamo...

- i mezzi di comunicazione
- a chiedere e dare informazioni sull'orario
- a esprimere una quantità indefinita
- a esprimere dubbio
- a parlare di arredamento

- a localizzare oggetti
- a esprimere possesso
- a ringraziare e rispondere
- i mesi e le stagioni
- i numeri da 2.000 a 1 milione

- le preposizioni articolate
- l'articolo partitivo
- c'è, ci sono
- i possessivi (1)
- a scrivere una lettera, un'email
- il linguaggio dell'informatica
- alcuni numeri utili

A Puoi andare al bar Eden.

1 Ascoltate e leggete il dialogo per verificare le vostre risposte all'attività precedente.

Michela: Che succede?

Gianna: Voglio inviare un video a mia sorella, ma è impossibile!

Michela: Non è il tuo computer, c'è un problema con il server... fra un po' arriva il tecnico.

Gianna: Ah, e come faccio?

Michela: Mhm... Ho un'idea: durante la pausa pranzo puoi andare al bar Eden. C'è il wi-fi e... fanno dei panini buonissimi!

Gianna: Buona idea! È il bar accanto alla Posta, no?

Michela: Sì, quello.

Gianna: Perfetto! Ma che dico?! Non ho il mio tablet e poi all'una e un quarto ho appuntamento con Lorenzo davanti all'università...

Michela: Ah... ma lui ha sempre il portatile nello zaino, no? Bene... e il bar non è lontano dall'università.

Gianna: È vero! Posso incontrare Lorenzo al bar, così inviamo il video e mangiamo anche qualcosa.

Michela: Esatto!

Gianna: Mando subito un messaggio a Lorenzo! Grazie, Michela!

Michela: Figurati!

2 A coppie leggete il dialogo. Poi rispondete alle domande.

1. Qual è il problema di Gianna?
2. Perché Michela consiglia a Gianna di andare al bar Eden? Dov'è il bar Eden?
3. A che ora hanno appuntamento Gianna e Lorenzo?

3 Completate le frasi con: *al, all', dei, nello, alla*. Poi fate l'abbinamento come nell'esempio in blu.

1. Deve andare .... bar Eden.
2. È accanto .... Posta.
3. Fanno .... panini buonissimi.
4. Hanno appuntamento davanti .... università.
5. È .... zaino di Lorenzo.

☐ Gianna e Lorenzo
☐ il bar Eden
☐ il portatile
☐ al bar Eden
☐ 1 Gianna

4 Lavorate in coppia. Completate la tabella.

Le preposizioni articolate

a + il	=	....	in + il	=	nel	di + il	=	del
a + la	=	....	in + la	=	....	di + la	=	....
a + lo	=	allo	in + lo	=	....	di + lo	=	dello
a + i	=	ai	in + i	=	nei	di + i	=	....
a + le	=	....	in + le	=	nelle	di + le	=	....
a + gli	=	agli	in + gli	=	negli	di + gli	=	degli
a + l'	=	....	in + l'	=	nell'	di + l'	=	dell'

da + il	=	dal	su + il	=	sul
da + la	=	dalla	su + la	=	sulla
da + lo	=	....	su + lo	=	sullo
da + i	=	dai	su + i	=	....
da + le	=	dalle	su + le	=	sulle
da + gli	=	dagli	su + gli	=	sugli
da + l'	=	dall'	su + l'	=	sull'

Ma:	Arriva con il treno delle otto. (*Nella lingua parlata anche* col *treno*)
	Questa lettera è per il direttore.
	Fra gli studenti c'è anche un brasiliano.

5 Rispondete alle domande come nell'esempio.

> Dove vai?
> (da/il medico)

> Dal medico.

1. Da dove viene Alice?
(*da/l'Olanda*)

2. Marta, dove sono i guanti?
(*in/il cassetto*)

3. Di chi sono questi libri?
(*di/i ragazzi*)

4. Dove sono le riviste?
(*su/il tavolo*)

5. Vai spesso al cinema?
(*una volta a/il mese*)

6. Sai dove sono le chiavi?
(*in/la borsa*)

es. 1-4
p. 119

6 Osservate la tabella e poi scegliete l'alternativa corretta.

| Va | in Italia,
in biblioteca,
a teatro,
a scuola,
in banca,
in ufficio,
in treno, | in particolare | **nell'**Italia del Sud.
alla/nella biblioteca comunale.
al teatro Verdi.
alla scuola media "G. Rodari".
alla Banca Commerciale.
nell'ufficio del direttore.
con il treno delle 10. |

Di solito, per indicare un luogo o un mezzo determinato e non generico usiamo la preposizione:

☐ semplice   ☐ articolata

es. 5-8
p. 120

7 Guardate gli esempi e completate la tabella a pagina 47.

Mangio un panino. → Fanno *dei panini* buonissimi. = (alcuni panini)

Viene a cena un'amica. → Vengono a cena *delle amiche*. = (alcune amiche)

Il partitivo

un regalo	→	.... regali	=	*(alcuni regali)*
un amico	→	**degli** amici	=	*(alcuni amici)*
una ragazza	→	.... ragazze	=	*(alcune ragazze)*
ma anche:	"Vado a comprare **del** latte"		=	*(un po' di latte)*
	"Vado a comprare **dello** zucchero"		=	*(un po' di zucchero)*

8 Completate oralmente le frasi con il partitivo corretto e le parole date sotto le immagini.

1. Vado al panificio a comprare ...
2. Aspetto ... per andare a teatro.
3. Devo restituire ... in biblioteca.
4. Domani arrivano ... americani.
5. Chi vuole ...?

es. 9
p. 122

libri

pane

frutta

amiche

studenti

9 Giocate a coppie. L'insegnante dice una preposizione semplice e voi avete 30 secondi di tempo per scrivere, quando possibile, l'espressione giusta: preposizione + parola per le categorie date. Continuate con un'altra preposizione e così via: ogni parola giusta vale 1 punto! Vediamo quale coppia fa più punti!

luogo | mezzo | tempo

B A che ora?

1 Ascoltate e abbinate i mini dialoghi alle foto. Attenzione: c'è una foto in meno.

a

b

c

2 Riascoltate i mini dialoghi e indicate le espressioni che sentite.

Apre alle 9. ☐   Dalle 9 alle 13. ☐   Chiude alle 13. ☐   Alle 10.15. ☐

Alle 14.45. ☐   Sono le cinque e mezza. ☐   Dalle tre alle cinque. ☐   Verso le 16. ☐

Fino alle 20. ☐   All'una e mezza. ☐   Dalle 9 alle 18. ☐   Verso l'una. ☐

3 A turno, uno studente chiede al compagno:

- *a che ora esce di casa la mattina*
- *a che ora pranza/cena*
- *a che ora esce il sabato sera*
- *qual è il suo orario di lavoro*

e l'altro risponde alle domande.

4 Guardate le foto e dite a che ora aprono e chiudono i seguenti uffici e negozi in Italia.

a. farmacia   b. banca   c. biblioteca   d. ufficio postale

E nel vostro Paese a che ora aprono e chiudono?

es. 10-11
p. 122

5 a In coppia mettete in ordine il dialogo.

1	*Mario:*	C'è qualcosa di interessante in tv stasera?
☐	*Mario:*	Probabilmente alle 9. Ma su quale canale?
☐	*Mario:*	Andiamo da Stefano a vedere la partita?
☐	*Mario:*	È vero! C'è Juve-Milan! Sai a che ora comincia?
☐	*Gianni:*	Beh, è ancora presto, più tardi...
4	*Gianni:*	Non sono sicuro. Forse alle 8... o alle 9?
☐	*Gianni:*	Ma... non so! C'è una partita di calcio.
☐	*Gianni:*	Penso su *Canale 5*.

b Adesso trovate nel dialogo le espressioni per completare la tabella.

Esprimere incertezza e dubbio

Ma... non so.	.... *Boh!* *Non credo.* *Ma... non sono sicuro.*

6 A turno, uno studente chiede al compagno:

- *se vuole uscire domani*
- *a che ora pensa di tornare a casa*
- *quanto costa un caffè in Italia*
- *che regalo vuole per il suo compleanno*

e l'altro risponde con le espressioni dell'attività 5b.

es. 12
p. 123

C   Dov'è?

1 Lavorate in coppia. Abbinate le frasi alle foto.

- ☐ 1. - Dove sono gli abiti? - Dentro l'armadio.
- ☐ 2. - Dov'è il televisore? - Accanto al camino.
- ☐ 3. - Il divano? - Davanti alla finestra.
- ☐ 4. - Dov'è la libreria? - È dietro la scrivania.
- ☐ *d* 5. - Le sedie? - Intorno al tavolo.
- ☐ 6. - Dove sono le maschere? - Sono sulla parete.
- ☐ 7. - Il tavolino? - Tra le poltrone.
- ☐ 8. - Dov'è il tappeto? - Sotto la lampada.
- ☐ 9. - Il quadro? - Sopra il camino.
- ☐ 10. - Dov'è la pianta? - Vicino alla poltrona.

a

b

c

f

d

h

e

i

l

2 Rileggete le prime tre frasi dell'attività C1 e completate con le parti in blu.

Dov'è il gatto?

.... scatola.
.... scatola.
.... scatola.

3 Osservate la foto e scegliete l'alternativa giusta.

1. Il tappeto è tra il / sotto il tavolino e il divano.
2. Il tavolino è dietro il / davanti al divano.
3. La lampada è intorno alla / dietro la poltrona.
4. La lampada è a sinistra della / sopra la finestra.
5. Sopra il / A destra del camino c'è uno specchio.
6. Sulle / Accanto alle poltrone ci sono dei cuscini.

4 Leggete le ultime due frasi dell'attività C3. Secondo voi, quando usiamo *c'è* e quando *ci sono*? Poi completate le frasi.

* Pronto! Buongiorno, signora Alessi! Sono Piero, ... Matteo?
* Buongiorno, Piero! No, Matteo non c'è. È ancora all'università.

* Piero, è vero che domani non .... treni?
* Sì, infatti, ... sciopero generale!

* Ciao, Paolo! Sei in ritardo, sai!
* Sì, lo so, ma oggi .... veramente molto traffico.

5 Osservate le immagini e dite quali differenze ci sono, come nell'esempio.

> Nell'immagine A c'è il camino, invece nella B non c'è.

A

B

es. 13-15
p. 123

Di chi è?

1 Leggete il fumetto e completate la tabella.

I possessivi (1)

io	il mio	la ....
tu	il .... amico	la .... rivista
lui/lei	il	la sua

I possessivi (2) nell'unità 6.

Di chi è questa rivista? È tua, Gino?

No, non è mia, ...è sua!

2 Completate le frasi.

1. Giulia, posso prendere il .... motorino domani?
2. Marta viene con il .... ragazzo stasera.
3. Non conosco bene Pietro, perciò non vado alla .... festa.
4. Quanto è bella la .... casa, Gianni! Quanto paghi di affitto?
5. In agosto vado per un mese da una .... amica in Sicilia.

3 Guardate le immagini e costruite delle frasi come nell'esempio.

La mia penna è blu.

penna / blu

regalo / bello

scrivania / vecchia

macchina / nuova

televisore / grande

ragazza / italiana

es. 16 p. 124

E Grazie!

1 Ascoltate e abbinate i mini dialoghi alle foto.

a.
• Scusi, signora, sa a che ora parte il treno?
• Fra dieci minuti, credo.
• Grazie mille!
• Prego!

b.
• Giulia, puoi prendere una delle due valigie?
• Certo, nessun problema.
• Grazie!
• Figurati!

c.
• Ecco gli appunti per il tuo esame.
• Grazie tante, Silvia!
• Di niente!

d.
• Signora, sa a che ora apre il parco?
• Dalle 10 alle 20, ma solo in estate, da giugno a settembre.
• Grazie!
• Non c'è di che!

1 ☐

2 ☐

3 ☐

4 ☐

2 Trovate nei mini dialoghi dell'attività E1 le espressioni per completare la tabella.

Ringraziare	Rispondere a un ringraziamento
Grazie! *Ti ringrazio! / La ringrazio!* *(informale) (formale)*	....

3 Adesso completate i mini dialoghi.

• Scusi, signore, sa dov'è la Banca Intesa?
• Sì, è in via Manzoni, accanto alla posta.
• ....
• ....

• Scusa, a che ora aprono i negozi oggi?
• ....
• ....
• Non c'è di che!

• .... ?
• Sono le 9.
• Grazie!
• ....

• Scusi, quanto costa questo divano?
• 1200 euro.
• ....
• Di niente!

es. 17
p. 125

Vocabolario e abilità

1 I mesi e le stagioni. Completate con i mesi dati a destra.

agosto ✕ *dicembre*
aprile ✕ *ottobre*

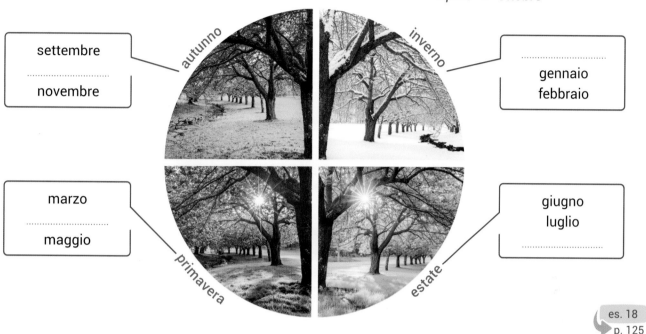

autunno

settembre
....
novembre

inverno

....
gennaio
febbraio

primavera

marzo
....
maggio

estate

giugno
luglio
....

es. 18
p. 125

2 I numeri da 1.000 a 1.000.000. Completate la tabella.

1.000	mille		....	diecimilacinquecento
....	millenovecentonovanta		505.000	cinquecentocinquemila
2.000	duemila		1.000.000	un milione
6.458	seimilaquattrocentocinquantotto		4.300.000	quattro milioni trecentomila

3 Date le informazioni richieste come nell'esempio.

1. L'anno della scoperta dell'America? (*1492*)
2. Gli abitanti di Roma? (*2.900.000*)
3. Il prezzo di uno scooter Aprilia? (*2.860 €*)
4. L'anno della tua nascita? (*...*)
5. Il costo di una villa sul lago di Como? (*3.470.000 €*)
6. Il prezzo dell'auto che vuoi comprare? (*43.900 €*)

Il prezzo del nuovo modello dell'Alfa Romeo?
(29.500 €)

Ventinovemilacinquecento euro.

es. 19-21
p. 125

25

4 Ascolto

Quaderno degli esercizi (p. 126)

 50-60

5 Scriviamo

Email, Facebook, Twitter, chat/messaggi, altro...: quale preferisci? Perché?

p. 89

 Test finale

Scrivere un'email o una lettera

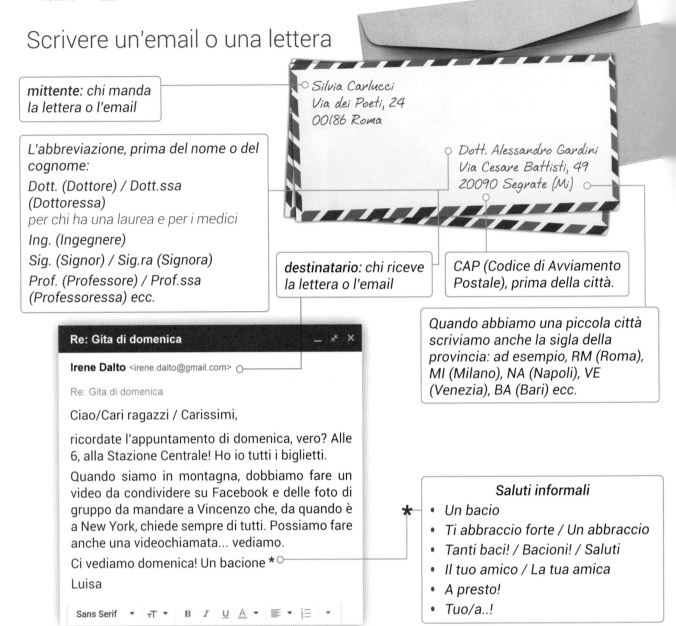

mittente: chi manda la lettera o l'email

L'abbreviazione, prima del nome o del cognome:
Dott. (Dottore) / Dott.ssa (Dottoressa)
per chi ha una laurea e per i medici
Ing. (Ingegnere)
Sig. (Signor) / Sig.ra (Signora)
Prof. (Professore) / Prof.ssa (Professoressa) ecc.

Silvia Carlucci
Via dei Poeti, 24
00186 Roma

Dott. Alessandro Gardini
Via Cesare Battisti, 49
20090 Segrate (Mi)

destinatario: chi riceve la lettera o l'email

CAP (Codice di Avviamento Postale), prima della città.

Quando abbiamo una piccola città scriviamo anche la sigla della provincia: ad esempio, RM (Roma), MI (Milano), NA (Napoli), VE (Venezia), BA (Bari) ecc.

Re: Gita di domenica

Irene Dalto <irene.dalto@gmail.com>

Re: Gita di domenica

Ciao/Cari ragazzi / Carissimi,

ricordate l'appuntamento di domenica, vero? Alle 6, alla Stazione Centrale! Ho io tutti i biglietti.

Quando siamo in montagna, dobbiamo fare un video da condividere su Facebook e delle foto di gruppo da mandare a Vincenzo che, da quando è a New York, chiede sempre di tutti. Possiamo fare anche una videochiamata... vediamo.

Ci vediamo domenica! Un bacione *

Luisa

Sans Serif ▾ ᴛᵀ ▾ **B** *I* U̲ A̲ ▾ ≡ ▾ ⌶≡ ▾

Saluti informali
- *Un bacio*
- *Ti abbraccio forte / Un abbraccio*
- *Tanti baci! / Bacioni! / Saluti*
- *Il tuo amico / La tua amica*
- *A presto!*
- *Tuo/a..!*

Il linguaggio dei messaggi...

Oggi ragazzi e adulti usano sempre più servizi di messaggeria istantanea come WhatsApp e sempre meno gli sms. La comunicazione è più veloce ed esistono tipiche espressioni di italiano digitato.

1 Abbinate gli esempi di italiano digitato al loro significato.

a. cmq	☐	1.	ti amo tanto
b. grz	☐	2.	per
c. pfv	☐	3.	comunque
d. tvb	☐	4.	perché
e. x	☐	5.	grazie
f. tat	☐	6.	per favore
g. xké	☐ *d*	7.	ti voglio bene

Carrier 🛜 9:01 AM
< 2 Gianna ▢ ☎

Michela, prendo un 🍫 anche x te? ✓

Grz!!! ✓✓

... e dell'informatica

Nel campo della tecnologia, gli italiani usano generalmente le espressioni inglesi come *account*, *file*, *link*, *password*... Alcune parole, però, esistono anche in italiano.

2 Scrivete le parole italiane sotto i simboli corrispondenti.

faccina ✕ *cliccare* ✕ *condividere* ✕ *caricare* ✕ *cartella* ✕ *scaricare*
sito internet ✕ *chattare*

....

....

Telefonare in Italia

Per telefonare dall'estero in Italia, bisogna fare lo 0039, il prefisso della città e il numero della persona desiderata. Naturalmente, per chiamare un numero cellulare non facciamo il prefisso della città.

Come in tutti i Paesi, anche in Italia ci sono alcuni numeri utili sia ai cittadini italiani che ai turisti. Il più importante è il 112, il numero per le emergenze valido in tutta Europa, che in Italia corrisponde ai Carabinieri.

Alcuni numeri utili in Italia

Prefissi di alcune
città italiane

📞 118
Emergenza sanitaria

📞 113
Polizia di Stato

📞 115
Vigili del Fuoco

📞 114
Emergenza infanzia

📞 112

Carabinieri

📞 1522
Antiviolenza Donna

Roma 06
Milano 02
Napoli 081
Firenze 055
Palermo 091
Venezia 041

1 Rispondete alle domande.

1. Qual è il numero per chiamare l'ambulanza in Italia?
2. Qual è il prefisso internazionale per chiamare nel tuo Paese?
3. Quali sono i tre numeri di emergenza più importanti nel tuo Paese?

Attività online

Che cosa ricordi delle unità 2 e 3?

1 Sai...? Abbina le due colonne.

1. chiedere l'ora
2. esprimere incertezza, dubbio
3. rispondere a un ringraziamento
4. chiudere una lettera
5. ringraziare

- a. *Grazie tante, Silvia!*
- b. *Forse vengo anch'io.*
- c. *Ma figurati!*
- d. *Scusi, che ore sono?*
- e. *Tanti saluti!*

2 Abbina le frasi.

1. Vuoi venire con noi al cinema?
2. Quando posso trovare il medico?
3. Dov'è il bagno?
4. Com'è la casa di Stella?
5. Ti ringrazio!

- a. *Non c'è di che.*
- b. *Bella, grande e luminosa.*
- c. *Ogni giorno dalle 10 alle 18.*
- d. *Sì, volentieri!*
- e. *Accanto alla camera da letto.*

3 Completa.

1. Due mezzi di trasporto urbano: ....
2. Dopo *dicembre*: ....
3. Il contrario di *sotto*: ....
4. La prima persona singolare di *tenere*: ....
5. La prima persona plurale di *volere*: ....

4 In ogni gruppo trova la parola estranea.

1. email | festa | videochiamata | lettera
2. appartamento | piano | intorno | affitto
3. mese | stagione | anno | mezzogiorno
4. mittente | cellulare | telefonare | prefisso
5. armadio | tavolo | poltrona | soggiorno

Controlla le soluzioni a pagina 92.
Sei soddisfatto/a?

Piazza del Campo, Siena

Per cominciare...

1 Che cosa preferite fare il fine settimana?

Nel fine settimana preferisco...

☐ fare sport
☐ riordinare la casa
☐ prendere un caffè al bar
con gli amici

☐ dormire tutto il giorno
☐ fare una gita
☐ uscire con la mia famiglia
☐ andare in giro per negozi

☐ visitare un museo
☐ mangiare una pizza
in compagnia
☐ altro...

2 Adesso confrontatevi con due compagni. Fate le stesse cose nei fine settimana?

26 **3** Ascoltate il dialogo e indicate sulle locandine dove sono andati Lorenzo (L) e Chiara (C).

Botticelli e Filippino
Welcome | Benvenuto

PIZZA FEST
FESTIVAL DEDICATO AL PIATTO ITALIANO PIÙ CONOSCIUTO AL MONDO

MUSIC A MUSEO

festa della Pasta
"Cordeddhi cunduti"
START FOOD 20:30 START MUSIC 22:00

DANIELE SILVESTRI
PIAZZA DEL DUOMO
MILANO

26 **4** Ascoltate di nuovo il dialogo e indicate l'affermazione giusta.

1. Lorenzo sabato è uscito: ☐ a. con Gianna ☐ b. con gli amici ☐ c. con Chiara

2. Chiara è rimasta a casa: ☐ a. sabato ☐ b. domenica ☐ c. il fine settimana

In questa unità impariamo...	• a parlare di cosa facciamo durante il fine settimana • a raccontare al passato • a situare un avvenimento nel passato • a chiedere e dire una data • a ordinare al bar • a esprimere preferenza	• il participio passato: verbi regolari e irregolari • il passato prossimo • l'avverbio ci • l'uso degli avverbi con il passato prossimo • i verbi modali al passato prossimo • come passano il fine settimana gli italiani • come sono i bar in Italia e come bevono il caffè gli italiani

A Come hai passato il fine settimana?

1 Leggete il testo per verificare le vostre risposte all'attività precedente.

Chiara: Buongiorno Lorenzo, come va?

Lorenzo: Non c'è male, grazie. E tu?

Chiara: Abbastanza bene. Allora? Come hai passato il fine settimana?

Lorenzo: Mah... bene, devo dire.

Chiara: Racconta, dai!

Lorenzo: Allora... sabato sono andato al cinema con Gianna. Prima, però, abbiamo mangiato qualcosa al bar accanto... che ridere!

Chiara: Per il film? Una commedia?

Lorenzo: No, non per il film, al bar! Il cameriere ha portato l'ordine sbagliato o forse noi abbiamo fatto confusione...

Chiara: Davvero? E domenica?

Lorenzo: ...Domenica pomeriggio sono uscito con due amici dell'università. Prima abbiamo fatto un giro in centro e poi siamo andati al Pizza Festival: un sacco di gente!

Chiara: Pizza Festival?

Lorenzo: Sì, abbiamo provato tante pizze diverse. E tu, che cosa hai fatto di bello? Hai visto la mostra su Botticelli alla fine?

Chiara: Purtroppo no. Il museo chiude alle 19 e sono arrivata tardi.

Lorenzo: Peccato! E allora?

Chiara: Eh, niente, sabato sera sono rimasta a casa. Domenica invece sono stata a un concerto con Michela. Bellissimo! Abbiamo ballato tanto.

Lorenzo: Bene! Senti, ...andiamo a mangiare qualcosa? Ah, conosco un bar dove il cameriere sbaglia tutto!

2 In coppia. Leggete il dialogo: uno di voi è Chiara e l'altro Lorenzo.

3 Rispondete alle domande.

1. Con chi è uscito domenica Lorenzo?
2. Dov'è andato Lorenzo domenica?
3. Perché Chiara non ha visto la mostra su Botticelli?
4. Che cosa ha fatto Chiara domenica sera?

 4 Leggete il riassunto del dialogo e completate con i verbi dati, come nell'esempio in blu.

usciti × mangiato × fatto × andati × state
visto × provato × ballato

Sabato pomeriggio Lorenzo e Gianna sono ___*usciti*___ (1) insieme.
Prima hanno _____ (2) qualcosa al bar e poi sono _____ (3) al cinema.
Domenica Lorenzo ha _____ (4) una passeggiata in centro con due amici e poi ha _____ (5) diverse pizze al Pizza Festival.
Sabato Chiara non ha _____ (6) la mostra su Botticelli. Domenica lei e Michela sono _____ (7) a un concerto e hanno anche _____ (8).

5 Osservate le parole in blu: sono verbi al passato prossimo che usiamo per raccontare fatti al passato.

Passato prossimo

Come hai passato il fine settimana?	Sono uscito con due amici.
Ho mangiato un gelato.	Siamo andati al Pizza Festival.
Ha ricevuto una telefonata.	Siamo state a un concerto.

Adesso completate la regola.

Passato prossimo

presente del verbo avere o _____ + **participio passato**		mangiare → mangi___ ricevere → ricevuto uscire → usc___

6 a Completate la tabella con: *ato, uto, ito.*

Passato prossimo con avere

Ho	vend.........	la vecchia casa.
Hai	dorm.........	molte ore domenica?
Ha	parl.........	di Michela a Lorenzo.
Abbiamo	av.........	molta fortuna.
Avete	cap.........	quando usiamo il passato prossimo?
Hanno	mangi.........	la pasta o la pizza?

b Mettete in ordine le parole per ricostruire le frasi. La prima parola è in blu.

1. visitato / ieri / San Pietro. / abbiamo
....

2. fino alle / lavorato / Carla / cinque. / hanno / Pina / e
....

3. bar. / ho / cornetto / al / stamattina / mangiato / un
....

4. lavorare / ha / Stefano / di / tardi. / finito
....

5. la / venduto / macchina. / sua / ha / Giulia
....

es. 1-2
p. 129

7 a Completate la tabella con la forma corretta dei participi passati dati, come nell'esempio. Attenzione al soggetto della frase.

Passato prossimo con essere

Io sono	....	a teatro due giorni fa.	entrato/entrata
Matilde, sei già	tornata	dal lavoro?	saliti/salite
Roberto è	....	in un negozio.	andato/andati
Io e mio fratello siamo	....	un mese fa.	usciti/uscite
Ragazze, siete	....	l'altro ieri?	tornato/tornata
Lorenzo e Livia sono	....	al quarto piano.	partiti/partite

b Completate le frasi con il passato prossimo dei verbi tra parentesi.

1. L'estate scorsa io e la mia famiglia .... (*andare*) ad Amalfi.
2. Ieri sera Patrizia non .... (*uscire*) di casa.
3. Stella e Luca .... (*partire*) per la Germania un anno fa.
4. A che ora .... (*tornare*) ieri notte, Carla?
5. .... (io, *arrivare*) a lezione alle 9.

es. 3-4
p. 129

Amalfi

B   Ma che cosa è successo?

1 Il 12 dicembre hanno rubato tre computer all'università. La polizia interroga gli studenti: *A* è il poliziotto che fa delle domande, *B* è uno studente, Luigi.

A può usare queste domande: *Cosa ha fatto alle... ? / Poi, a che ora... ? / Con chi è andato... ?*

B guarda l'agenda e risponde alle domande.

Lunedì, 12 dicembre
10.10 andare all'Università
12.00 parlare con il Prof. Berti
14.00 mangiare alla mensa
                    insieme a Gino
15.30 incontrare Nina al bar
17.00 andare dal dentista
18.20 chiamare Giorgio
            per parlare del test
18.30-20.00 studiare
20.30   incontrare Nina

2 Osservate questi verbi: "*Con chi è andato...?*", "*A che ora ha mangiato?*".
Secondo voi, quando usiamo *essere* e quando usiamo *avere* per formare il passato prossimo?

Completate la tabella con i verbi: *mangiare, andare, restare.*

Essere o avere?

a. Formano il passato prossimo con **essere**:
1. verbi di movimento: _____, *entrare, partire, tornare, uscire, venire* ecc.
2. verbi di stato: _____, *rimanere, stare* ecc.
3. alcuni verbi che non hanno un oggetto (intransitivi): *essere, nascere, piacere, succedere* ecc.

b. Formano il passato prossimo con **avere**:
1. i verbi che possono avere un oggetto (transitivi): *avere molti amici, bere un caffè, chiamare Gianna,* _____ *un panino* ecc.
2. alcuni verbi intransitivi: *camminare, dormire, lavorare* ecc.

La tabella completa è nell'Approfondimento grammaticale a pagina 166.

es. 5-6
p. 130

3 Leggete ora l'intero dialogo tra Luigi e l'agente di polizia.

agente: Cosa ha fatto il 12 dicembre?

Luigi: Se ricordo bene... quel giorno sono arrivato presto all'università... verso le 10... ma sono subito entrato nell'aula per la lezione.

agente: E poi?

Luigi: Dopo la lezione ho chiacchierato un po' con gli altri studenti del corso e poi sono andato alla mensa.

agente: Da solo?

Luigi: No, ci sono andato con Gino! Però... prima ho incontrato il professor Berti.

agente: Hmm, poi cosa ha fatto?

Luigi: Dopo che abbiamo finito di mangiare, io sono andato al bar per incontrare Nina, la mia ragazza. Abbiamo bevuto un caffè e dopo un'ora e mezza circa, cioè verso le cinque, sono andato dal dentista. Poi sono tornato a casa.

agente: E dopo, cos'è successo dopo?

Luigi: Mah, niente di speciale... ho studiato un po' e più tardi è venuta anche Nina. Abbiamo ordinato una pizza, abbiamo guardato la tv, abbiamo parlato un po' e alla fine siamo andati a dormire.

4 Guardate i disegni e usate le espressioni della tabella per raccontare un'altra giornata di Luigi.

Raccontare

all'inizio... / per prima cosa...	prima... / prima di mangiare...
dopo le due...	poi... / dopo...
più tardi...	così... / alla fine...

telefonare / Nina

incontrare / Nina / università

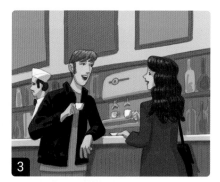

andare / bar

mangiare / mensa

tornare / casa

andare / palestra

es. 7
p. 131

5 Che cosa sostituisce "ci" in questa frase di Luigi? Consultate anche l'Approfondimento a pagina 168.

No, ci sono andato con Gino!

es. 8
p. 131

6 a Osservate "cosa ha *fatto*?", "abbiamo *bevuto*", "è *venuta* anche Nina": qual è l'infinito di questi verbi?

b Lavorate in coppia. Collegate gli infiniti ai participi passati.

Participi passati irregolari

dire	*(ha)* **letto**	chiedere	*(ha)* **chiesto**
fare	*(ha)* **scritto**	rispondere	*(è)* **rimasto**
leggere	*(ha)* **fatto**	vedere	*(ha)* **risposto**
scrivere	*(ha)* **detto**	rimanere	*(ha)* **visto**

chiudere	*(ha)* **chiuso**	conoscere	*(ha)* **bevuto**
prendere	*(ha)* **preso**	vincere	*(è)* **piaciuto**
		piacere	*(ha)* **conosciuto**
aprire	*(ha)* **offerto**	bere	*(ha)* **vinto**
offrire	*(ha)* **aperto**		

venire	*(è)* **stato**	mettere	*(ha)* **messo**
essere/stare	*(è)* **venuto**	succedere	*(è)* **successo**

La lista completa dei participi passati irregolari è nell'Approfondimento grammaticale a pagina 167.

7 A turno, uno studente chiede al compagno:

1. In quale città Romeo (*conoscere*) Giulietta?
2. Chi (*scrivere*) la Divina Commedia?
3. Che cosa (tu, *fare*) lo scorso fine settimana?
4. Qual è l'ultimo film che (tu, *vedere*) al cinema?
5. Quale squadra (*vincere*) gli ultimi mondiali di calcio?
6. Quante volte (tu, *essere*) in Italia?

Il balcone di Giulietta, Verona

8 Specchio

- *A*, in piedi, mima senza parlare uno dei verbi dati sotto.
- *B*, a libro chiuso, ripete esattamente quello che fa *A* (come uno specchio, appunto) e poi dice di quale verbo si tratta. Dice anche il participio passato del verbo.
- Poi i ruoli cambiano. Ognuno mima almeno 4 verbi.

scrivere | suonare | cantare | chiudere | ascoltare | scendere
vedere | leggere | dormire | mangiare | uscire | bere

es. 9-10
p. 132

C   Un fine settimana al museo

1 Leggete il testo e rispondete alle domande.

Sardegna: sette appuntamenti musicali

I l museo della città di Sassari ha pubblicato il programma di "Musica al Museo", il progetto che è iniziato solo due anni fa, ma che è già diventato un appuntamento fisso per il pubblico della città sarda. Infatti, ogni anno, da gennaio a marzo, il Museo ospita artisti locali e internazionali e propone concerti jazz, folk, blues e di musica classica.

Come l'anno scorso, il primo ospite è Francesco Manara, violinista che ha vinto molti premi internazionali e che alcuni anni fa è diventato primo violino del Quartetto d'Archi della Scala.

Appuntamento sabato sera alle 21 al Museo!

adattato da *www.sardegnadies.it*

1. Quando e dove è iniziato il progetto "Musica al Museo"?
2. Quanto tempo dura l'evento?
3. Che tipo di concerti ospita il museo?
4. Quando Manara è diventato primo violinista del Quartetto d'Archi della Scala?

2 Rileggete il testo e completate la tabella con le espressioni in blu.

Quando?

un'ora fa / tre giorni fa / .... / ....
martedì scorso / la settimana scorsa / il mese scorso / nel dicembre scorso / l'estate scorsa / ....

		Data precisa
giorno:	parte / è partito parte	il 18 gennaio / giovedì scorso il 20 marzo / domenica prossima
mese:	è tornato torna / è tornato	nel novembre scorso a / in giugno, settembre
anno:	è nato	nel 2002, a febbraio nel febbraio del 2002

es. 11
p. 133

3 Sei *A*: chiedi al tuo compagno quando:

Sei *B*: rispondi alle domande di *A*.

- è nato
- è stata l'ultima volta che è andato in vacanza
- ha finito la scuola (elementare)
- ha cominciato a studiare l'italiano

Alla fine *A* deve riferire al resto della classe le risposte di *B* ("è nato nel..." ecc.).

4 A coppie. Osservate questi avvenimenti e scambiatevi informazioni come nell'esempio.

Quando è morto Fellini?

Nel 1993.

Quando... ?   In che anno... ?   Cosa è successo nel... ?

maggio 2013

esce il film di Paolo Sorrentino, *La grande bellezza*

1° luglio 2017 Vasco Rossi stabilisce il nuovo record mondiale: 220.000 spettatori al suo concerto

1853

Giuseppe Verdi scrive *La traviata*

1905

Guglielmo Marconi inventa la radio

ottobre 2011

Elena Ferrante pubblica *L'amica geniale*

2 giugno 1946

l'Italia diventa una Repubblica

5 a Nel testo dell'attività C1 abbiamo visto "è *già* diventato un appuntamento fisso". Osservate nella tabella la posizione degli avverbi.

Avverbi con il passato prossimo

Eugenio	è	sempre	*stato*	gentile con me.
Rita,	hai	già	*finito*	di studiare?
Gianluca	è	appena	*uscito*	di casa.
Lei	ha	mai	*parlato*	di questa cosa.
Dora *non*	è	ancora	*arrivata*	in ufficio.
Alfredo	ha	più	*detto*	niente.

5 b Adesso scegliete l'avverbio giusto.

1. A Claudia non piace ballare. Non è mai / appena stata in una discoteca!
2. Federico non ha ancora / sempre preso la patente.
3. Ho mai / già chiamato il dottore: arriva fra 30 minuti.
4. Luca ha sempre / mai detto la verità.
5. Sono appena / più tornata da una lunga vacanza.
6. Non ho più / appena visto Luisa dopo la fine del liceo.

es. 12
p. 13

D Per me, un panino.

1 Ascoltate il dialogo senza leggere il testo e mettete in ordine le illustrazioni.

Nadia: Allora? Cosa prendiamo? Io un caffè.

Claudio: Non so... io ho un po' di fame. ...Scusi, possiamo avere il listino?

cameriere: Ecco a voi!

Claudio: Grazie! Vediamo...

Silvia: Io so già cosa prendo... vorrei un tramezzino e una fetta di torta al cioccolato.

Nadia: Ma come?! Hai fame a quest'ora?!

Silvia: Sì, non ho potuto pranzare oggi. Tu, Claudio... hai deciso?

Claudio: Mah, non so... prendo anch'io un tramezzino. No, anzi, meglio se prendo un cornetto...

cameriere: Allora, cosa prendete? Avete già deciso?

Nadia: Sì, dunque... un tramezzino...

Silvia: Prosciutto e formaggio.

Nadia: ...e una fetta di torta al cioccolato per lei, un caffè macchiato per me e una bottiglia di acqua minerale naturale. Claudio, tu alla fine cosa prendi?

Claudio: Per me, un panino con prosciutto crudo e mozzarella e una lattina di Coca Cola.

cameriere: D'accordo, grazie!

Silvia: Claudio!? Certo che sei proprio un tipo deciso!

 2 Ascoltate di nuovo il dialogo e rispondete.

a. Cosa hanno preso le due ragazze?

b. Cosa ha preso Claudio?

3 In coppia, leggete il dialogo di pagina 66 e dopo il listino. Quanto hanno pagato i ragazzi?

La bottega del Caffè

caffè

caffè	**1,**10
caffè corretto	**1,**30
caffè decaffeinato	**1,**30
cappuccino	**1,**50
caffellatte - latte	**1,**50
tè - tisane	**2,**00
cioccolata in tazza - con panna	**2,**70
tè freddo	**2,**70

panini - tramezzini

panino: crudo & mozzarella	**5,**20
panino: pomodoro & mozzarella	**5,**20
tramezzini	**1,**50
toast	**4,**00
pizzette	**2,**00

aperitivi

analcolico	**3,**50
spritz	**4,**00

bibite

bibite in lattina	**3,**00
bibite in bottiglia	**3,**00
spremuta d'arancia	**3,**50
succhi di frutta	**2,**50
birra alla spina piccola	**3,**30
birra alla spina media	**5,**20
acqua bottiglia piccola	**1,**50
acqua bottiglia grande	**2,**50

dolci - gelati

cornetto	**1,**50
torta al cioccolato	**3,**00
tiramisù	**4,**00
panna cotta	**3,**00
coppetta gelato	**2,**00 / **4,**00

4 Guardando il listino e la tabella che segue, drammatizzate un dialogo tra due persone che entrano in un bar e decidono di bere e mangiare qualcosa.

Ordinare

Cosa prendi?	*Per me un... / Io prendo...*
Cosa prendiamo?	*Preferisco il tè al caffè...*
Vuoi bere qualcosa?	*Io ho fame: vorrei un panino...*
	Ho sete: vorrei bere qualcosa...

es. 13-14
p. 133

5 Osservate e completate la tabella con: *sono, ha, ho, sei, ho, è*.

Passato prossimo dei verbi modali

Non .... preso il caffè.	→ Non ho voluto prendere il caffè.
Perché sei venuto in questo bar?	→ Perché .... voluto venire in questo bar?
Non ho pranzato oggi.	→ Non .... potuto pranzare oggi.
Ieri .... andato alla festa di Luigi.	→ Ieri sono potuto andare alla festa di Luigi.
Irene .... fatto la spesa.	→ Irene ha dovuto fare la spesa.
Irene è partita da sola.	→ Irene .... dovuta partire da sola.

Quando usiamo il verbo *avere* e quando il verbo *essere* con i modali? Consultate anche l'Approfondimento grammaticale a pag. 168.

6 Leggete le frasi e mettete i verbi alla forma giusta, come nell'esempio.

Ieri (io, *dovere lavorare*) molte ore. → *Ieri, ho dovuto lavorare molte ore.*

1. Non (io, *volere comprare*) una macchina di seconda mano.
2. Alla fine, (noi, *dovere tornare*) a casa da sole.
3. Signora Pertini, come (*potere mandare*) una mail così scortese?
4. Daniele, anche se molto stanco, (*volere continuare*) a giocare.
5. Maurizio non (*potere partire*) a causa di uno sciopero.

es. 16-17
p. 135

E Abilità

1 **Ascolto** Quaderno degli esercizi (p. 134)

2 **Parliamo**

1. Vi piace il caffè? Qual è il vostro caffè preferito? Quanti caffè bevete al giorno e quando?
2. Quanti tipi di caffè conoscete? Potete spiegare le differenze che ci sono?
3. Nel vostro Paese, quanto costa un caffè al bar?

es. 15, 18-21
p. 136

3 **Scriviamo**

Scrivi un'e-mail a un amico italiano: saluta e racconta come hai passato il fine settimana.

  Test finale
p. 90

Come hai passato il fine settimana?

Leggete il testo e indicate le affermazioni esatte.

Con questa domanda inizia il lunedì in ufficio o a scuola. Cosa fanno gli italiani il sabato e la domenica e che cosa raccontano ai colleghi?

Il sabato, di solito, fanno la spesa* e spesso fanno tardi perché la domenica possono dormire di più: escono per bere un aperitivo, per cenare al ristorante, per andare a ballare.

La domenica è il giorno che gli italiani dedicano alla casa o agli interessi personali: fare sport, leggere un libro, guardare la tv, usare i social media, stare con gli amici. Per molti la domenica è anche il giorno per fare una gita, al mare o in montagna, o per visitare un museo o una città d'arte*.

Ma che cosa raccontano gli italiani ai loro colleghi? Secondo una ricerca di *lastminute.com* gli italiani non dicono sempre la verità! Infatti, a volte preferiscono raccontare ai colleghi cose che non hanno fatto per avere qualcosa da dire il lunedì mattina o perché, secondo loro, fanno sempre le "solite cose".

Glossario. *fare la spesa*: comprare prodotti al supermercato; *città d'arte*: città che ha molti monumenti e musei.

1. Per gli italiani il fine settimana è un'occasione per
   - ☐ a. finire un lavoro in ufficio.
   - ☐ b. vedere gli amici.
   - ☐ c. fare un viaggio all'estero.

2. La domenica, gli italiani
   - ☐ a. guardano la tv o leggono un libro.
   - ☐ b. fanno una gita e puliscono la casa.
   - ☐ c. fanno sport o vanno a ballare.

3. Il lunedì mattina, gli italiani quando parlano con i colleghi di quello che hanno fatto nel weekend
   - ☐ a. non dicono mai la verità.
   - ☐ b. dicono sempre la verità.
   - ☐ c. non dicono sempre la verità.

Il bar italiano

Sono molti gli italiani che ogni giorno entrano in un bar. Alcuni prendono solo un caffè al banco e, prima di ordinare, "fanno lo scontrino", cioè vanno alla cassa a pagare. Altri rimangono un po' di più perché fanno colazione con cappuccino e cornetto. Altri ancora mangiano un'insalata durante la pausa pranzo, prendono un dolce e un caffè nel pomeriggio, bevono un aperitivo con gli amici prima di cena.

I bar sono accoglienti* e pieni di vita: sono il luogo d'incontro* delle persone. Quelli in piazza sono ancora più belli: se c'è il sole, i tavolini sono pieni di clienti*.

"Un caffè!"

Con la parola "caffè" gli italiani si riferiscono quasi sempre all'espresso o al caffè fatto a casa con la moka.

La moka è la caffettiera del 1933 di Alfonso Bialetti: un esempio di design industriale italiano, presente al museo di arte contemporanea di New York.
Nei primi anni del '900, con l'invenzione della macchina per il caffè da bar, il caffè espresso (nome che sottolinea la velocità nella preparazione, ma anche nella... consumazione) diventa un simbolo dell'Italia.

Oltre all'espresso, esistono vari tipi di caffè: **macchiato** (con poco latte), **lungo** (tazzina quasi piena, sapore più leggero); **ristretto** (meno acqua, sapore forte); **corretto** (con un po' di liquore). Inoltre, a casa gli italiani fanno spesso colazione con il **caffellatte** (latte caldo e pochissimo caffè).

L'altra bevanda italiana famosa nel mondo è il **cappuccino**, che ha preso il nome dal colore degli abiti dei frati cappuccini. Un consiglio: dopo pranzo chiedete un espresso e non un cappuccino... che in Italia beviamo soltanto la mattina!

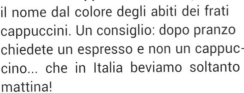

Caffè, che passione!

Leggete il grafico
e completate
la tabella come
nell'esempio.

Quanto?

58% **1 o 2 tazzine**

37% **3 o 4 tazzine**

5% **5 o più tazzine**

CONSUMO
QUOTIDIANO
DI CAFFÈ
ESPRESSO

Quando?

77% Mattina appena svegli

42% Metà mattina

49% Pomeriggio

19% Dopo cena

3% Notte

I numeri del caffè

Il .... degli italiani beve una tazzina di caffè al giorno.

Il .... degli italiani prende il caffè nel pomeriggio.

Il .... degli italiani beve tre tazzine di caffè al giorno.

Il _77%_ degli italiani beve il caffè appena si sveglia.

Il .... degli italiani beve cinque tazzine di caffè al giorno.

Il .... degli italiani prende il caffè anche dopo cena.

Il .... degli italiani beve il caffè anche di notte.

Il .... degli italiani prende il caffè a metà mattina.

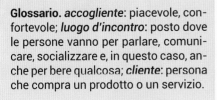

Attività online

Glossario. *accogliente*: piacevole, confortevole; *luogo d'incontro*: posto dove le persone vanno per parlare, comunicare, socializzare e, in questo caso, anche per bere qualcosa; *cliente*: persona che compra un prodotto o un servizio.

Che cosa hai imparato nelle unità 3 e 4?

1 Sai...? Abbina le due colonne.

1. esprimere incertezza
2. ordinare al bar
3. dire una data
4. localizzare nello spazio
5. raccontare

a. *Un cornetto, per favore.*
b. *Sono nato nel 1998.*
c. *È in salotto, sul tavolino.*
d. *All'inizio siamo andati a mangiare, poi...*
e. *Mah... non sono sicuro.*

2 Abbina le frasi.

1. Quando sei venuto in Italia?
2. Scusi, quanto costa?
3. Cosa prendi?
4. Pronto?
5. Grazie mille!

a. *Per me un caffè lungo, grazie.*
b. *Ma figurati!*
c. *Posso parlare con Marco?*
d. *Nel maggio scorso.*
e. *Con lo sconto, 90 euro.*

3 Completa.

1. Due tipi di caffè espresso: ....
2. In genere non si beve dopo un pasto: ....
3. Il participio passato del verbo *bere*: ....
4. Il passato prossimo di *rimanere* (prima persona singolare): ....
5. L'ausiliare di molti verbi di movimento: ....

4 Scopri, in orizzontale e in verticale, le otto parole nascoste.

E	S	U	C	C	E	S	S	O	T
T	O	L	I	P	E	T	B	L	A
T	P	I	A	Z	Z	A	E	E	V
Y	R	S	G	I	U	G	N	O	O
N	A	T	T	U	F	E	T	A	L
A	T	I	R	E	Z	L	O	S	I
P	A	N	I	N	O	D	U	M	N
U	V	O	G	E	L	A	T	I	O

Controlla le soluzioni a pagina 92.
Sei soddisfatto/a?

Piazza di Spagna, Roma

Tempo di vacanze

Unità 5

Per cominciare...

1 Scoprite qual è la vostra vacanza ideale con un test: rispondete alle domande e poi leggete il risultato.

1 Preferisco:

a.	fare shopping
b.	camminare
c.	prendere il sole

2 Amo viaggiare:

a.	in coppia
b.	in gruppo
c.	da solo

3 In vacanza preferisco:

a.	visitare un museo
b.	passeggiare nella natura
c.	dormire

4 Preferisco viaggiare in:

a.	autunno-inverno
b.	primavera
c.	estate

5 Preferisco prendere:

a.	l'aereo
b.	la nave
c.	la macchina

6 In valigia porto sempre:

a.	le scarpe eleganti
b.	un ombrello
c.	gli occhiali da sole

7 Preferisco dormire in:

a.	hotel
b.	campeggio
c.	appartamento

▪ *Più risposte A: ami le città d'arte, visitare musei e scoprire nuovi Paesi.*
▪ *Più risposte B: ti piace l'avventura. La tua vacanza ideale è in montagna con gli amici.*
▪ *Più risposte C: vacanza per te significa relax al mare e in solitudine!*

2 Confrontatevi con i compagni e scoprite qual è la loro vacanza ideale.

29 **3** Ascoltate il dialogo e cerchiate le città che sentite.

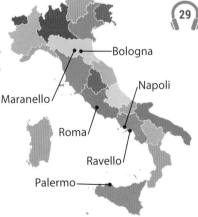

Bologna
Napoli
Maranello
Roma
Ravello
Palermo

29 **4** Ascoltate di nuovo il dialogo e indicate se le affermazioni sono vere o false. Correggete quelle false oralmente.

	V	F
1. Gianna incontra Federica all'aeroporto.		
2. Federica farà un viaggio in Lombardia.		
3. Gianna va a trovare sua cugina.		
4. Gianna non sa cosa farà a Capodanno.		

In questa unità impariamo...
- *a esprimere progetti, previsioni, promesse, ipotesi e dubbi*
- *il lessico relativo al viaggiare in treno*
- *il lessico relativo alle previsioni del tempo*
- *quali sono le feste in Italia*

- *il futuro semplice: verbi regolari e irregolari*
- *il futuro composto*
- *il periodo ipotetico (1° tipo)*

- *cosa fanno a Natale gli italiani*
- *quali treni ci sono in Italia*

A A Capodanno cosa farete?

1 Leggete il dialogo per verificare le vostre risposte all'attività precedente.

impiegata: Buongiorno, un documento per favore.

Gianna: Ecco qui.

impiegata: Grazie. Quanti bagagli?

Gianna: Una valigia e un bagaglio a mano.

impiegata: Perfetto... Questa è la sua carta d'imbarco. L'imbarco è alle 12, uscita C21. Buon viaggio!

Gianna: Grazie.

...

Federica: Gianna?

Gianna: Ehi, ciao Federica, anche tu in partenza?

Federica: Eh, sì, vado a Napoli.

Gianna: Da parenti?

Federica: No, starò tre giorni da un'amica. Poi prenderemo insieme il treno per Bologna per festeggiare il Capodanno con la sua famiglia.

Gianna: Ah, e quando torni?

Federica: Dopo l'Epifania. Partirò da Bologna il 7 gennaio e passerò da Maranello: voglio andare al Museo Ferrari!

Gianna: Ah, che bello!

Federica: E tu, invece?

Gianna: Io vado a Palermo a trovare mio fratello. Per Natale verranno anche i miei genitori.

Federica: Bene... e a Capodanno cosa farete?

Gianna: Mah, probabilmente festeggeremo con gli amici di mio fratello in un ristorante. Scusa un secondo... ah bene, la mia uscita è cambiata, devo andare alla C2. Allora, buon viaggio e buone feste!

Federica: Grazie, anche a te!

Palermo

Bologna

2 Lavorate in gruppi di tre e leggete il dialogo: uno di voi è Gianna, uno è Federica e l'altro è l'impiegata. Poi rispondete alle seguenti domande:

1. Come festeggerà Federica il Capodanno?
2. Quando tornerà Federica dalle vacanze?
3. Con chi passerà il Natale Gianna?
4. Dove andrà Gianna a Capodanno?

3 Lavorate in coppia.
Leggete la frase a destra.

Starò tre giorni da un'amica. Poi prenderemo insieme il treno per Bologna.

Secondo voi, i verbi in blu indicano un'azione...

☐ passata   ☐ presente   ☐ futura

4 Carlo telefona a Gianna. Completate il dialogo con i verbi dati sotto, come nell'esempio in blu.

preparerà ✕ *partirà* ✕ *saremo* ✕ *arriverai* ✕ *verranno* ✕ *verrà*

Gianna: Pronto? Ciao Carlo! Sì, sono già all'aeroporto.
L'aereo .... (1) tra un'ora.

Carlo: Va bene. A che ora .... (2) a Palermo?

Gianna: Alle 14.00.

Carlo: Perfetto. Io purtroppo lavoro tutto il pomeriggio,
quindi in aeroporto ......*verrà*...... (3) Silvia, va bene?

Gianna: Certo.

Carlo: Ah, senti... Abbiamo visto un ristorante molto
carino, che a Capodanno .... (4) un menù
speciale per il Cenone. Prenotiamo?

Gianna: Per me va bene. .... (5) solo io, tu e Silvia?

Carlo: No, ... (6) anche Luca e Francesca.

5 Rileggete il dialogo a pagina 74 e scrivete che cosa faranno Federica e Gianna durante le feste.

6 Trovate i verbi nel dialogo A1 e completate la tabella.

Futuro semplice

	passare	prendere	partire
io	....	prenderò	....
tu	passerai	prenderai	partirai
lui, lei, Lei	passerà	prenderà	partirà
noi	passeremo	....	partiremo
voi	passerete	prenderete	partirete
loro	passeranno	prenderanno	partiranno

7 Mettete i verbi tra parentesi al futuro e rispondete alle domande come nell'esempio.

A che ora (tu, *uscire*) di casa domani?
→ – *A che ora uscirai di casa domani?*
   – *Domani uscirò...*

1. (tu, *festeggiare*) il Capodanno con gli amici?
2. Quando (*iniziare*) le vacanze di Natale quest'anno?
3. Secondo te, domani (noi, *vincere*)?
4. Che cosa (tu, *preparare*) per cena stasera?
5. A che ora (*finire*) la lezione di italiano?
6. Per Natale (voi, *partire*) o (voi, *passare*) le feste a casa?

 8 In coppia completate la tabella.

Futuro semplice
Verbi irregolari

essere	avere	stare	andare	fare
sarò	avrò	starò	andrò	farò
sarai	avrai	starai	....	farai
sarà	avrà	....	andrà	farà
....	avremo	staremo	andremo	faremo
sarete	avrete	starete	andrete	....
saranno	....	staranno	andranno	faranno

Altri verbi irregolari al futuro sono nell'Approfondimento grammaticale a pagina 169.

9 Su un bigliettino scrivete un verbo all'infinito delle pagine 75-76. Date il bigliettino a un compagno. Lui/Lei scrive, e legge alla classe, una frase con il verbo al futuro. Poi confrontatevi.

andare

Andrai alla festa di Lorenzo?

es. 1-5
p. 139

10 Collegate le vignette (a-d) alle frasi sotto (1-4) che esprimono lo stesso uso del futuro, come nell'esempio in blu.

1. Quest'anno cercherò un nuovo lavoro! `c`

2. Secondo me, stasera pioverà!

3. • Che ore sono? • Saranno le 2.00.

4. Sì, mamma, andrò a letto presto.

es. 6-10
p. 141

B Viaggiare in treno

1 Osservate il biglietto del treno e rispondete alle domande.

1. Da dove parte il treno?
   E dove arriva?
2. Quale giorno parte il treno?
   A che ora?
3. A che ora arriva?
4. Quante persone viaggiano?
5. Quanto costa il biglietto?

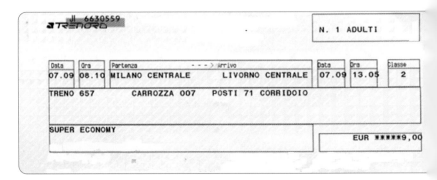

2 a Guardate le immagini sotto e scrivete le parole date negli spazi bianchi.

biglietteria × *controllore* × *viaggiatori* × *binario* × *posti* × *carrozza*

b Ascoltate e abbinate i dialoghi alle foto.
Attenzione: c'è una foto in più.

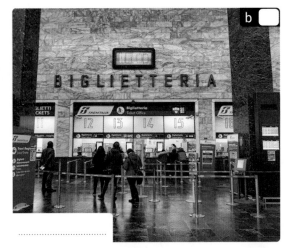

3 Adesso leggete i dialoghi e verificate le vostre risposte.

1. • A che ora parte il prossimo treno per Firenze?
   • Parte tra 20 minuti con cambio a Empoli. Alle 16.00, invece, c'è il diretto.
   • Bene. Un biglietto per il treno delle 16.00.
   • Andata e ritorno?
   • No, solo andata. Quant'è?
   • Sono 7 euro e 50 centesimi.

2. • Attenzione! Il treno Frecciarossa 9456, proveniente da Roma e diretto a Milano è in arrivo al binario 8 anziché 12.

3. • Biglietto, per favore...
   • Ecco!
   • Grazie!

4. • Scusi, questa è la seconda classe, vero?
   • Sì, è la seconda.
   • È libero questo posto?
   • Certo! Prego.
   • Grazie.

5. • Scusi, è questo il treno per Firenze?
   • Sì, signora, è questo.
   • Sa dov'è la carrozza 11?
   • No, forse è in fondo al treno.
   • Grazie mille!

Stazione Centrale, Milano

4 Lavorate in coppia: sottolineate nei dialoghi precedenti parole e frasi per:
- chiedere informazioni sull'orario e sulla direzione del treno;
- fare il biglietto;
- dare informazioni sull'orario e sulla direzione del treno.

5 Completate i mini dialoghi.

1. • Un biglietto per Venezia, per favore.
   • ....
   • No, solo andata. Quant'è?
   • ....

2. • ....
     per Roma?
   • C'è un Regionale veloce alle 11.00.

3. • ....
   • Fra mezz'ora.
   • ....
   • Dal binario 6.

4. • Scusi, è questo il treno che va a Venezia?
   • ....

6 **A:** Sei alla stazione di Firenze e vuoi prendere il prossimo treno per Roma. Chiedi all'impiegato della biglietteria (B) informazioni sull'orario, il prezzo, il binario ecc. Infine, paghi il biglietto e ringrazi.

B: Sei l'impiegato della biglietteria: devi rispondere a tutte le domande di A. Puoi consultare la cartina di pagina 27.

es. 11-12
p. 143

C In montagna

1 Nadia partirà per la settimana bianca sulle Alpi e vuole lasciare le chiavi di casa a Simona. Leggete il dialogo e poi indicate le affermazioni presenti.

Simona: Pronto?

Nadia: Simona? Ciao, sono Nadia. Come va?

Simona: Ehi, ciao Nadia, tutto bene. Tu?

Nadia: Bene, grazie. Senti, purtroppo ieri non sono potuta passare dal tuo ufficio e quindi ho lasciato le chiavi a Marco.

Simona: Va benissimo. A che ora parti domani?

Nadia: Alle 17.00.

Simona: Ah, ma... avrai già finito di lavorare?

Nadia: Sì, sì, ho chiesto un'ora di permesso.

Simona: Ho capito. Allora adesso chiamo Marco per le chiavi. A quest'ora sarà tornato dalla palestra, no?

Nadia: Penso proprio di sì.

1. Nadia partirà dopo il lavoro. ☐
2. La casa di Nadia è vicino alla palestra. ☐
3. Simona chiamerà Marco per le chiavi. ☐

2 Osservate la tabella e completate la regola.

Futuro composto

Nadia partirà	dopo che (non) appena quando	avrà finito di lavorare / sarò tornato/tornata avranno finito di lavorare / saremo tornati/tornate

futuro composto	futuro semplice
Dopo che *avrò finito* gli esami...	...*farò* un viaggio
1ª azione futura	2ª azione futura

Usiamo il **futuro composto** per esprimere un'azione futura **che avviene prima** di un'altra azione...

☐ passata ☐ presente ☐ futura

3 Quali di queste azioni avvengono prima e quali dopo? Formate delle frasi, come nell'esempio.

prenotare un viaggio / prendere le ferie (Giulio, *dopo che*)
→ *Dopo che avrà preso le ferie, Giulio prenoterà un viaggio.*

1. andare in palestra / finire il lavoro (tu, *non appena*)
2. cucinare / fare la spesa (voi, *dopo che*)
3. finire di lavorare / tornare a casa (noi, *quando*)
4. andare a letto / guardare la tv (i bambini, *dopo che*)
5. decidere quale treno prendere / vedere gli orari (io, *non appena*)

es. 13-15
p. 144

D Che tempo farà domani?

1 Ascoltate il dialogo e indicate le affermazioni corrette.

1. Claudio ha dei dubbi sulla gita perché
   - a. è stanco
   - b. fa un po' freddo
   - c. tira vento

2. Secondo Valeria, il giorno dopo
   - a. pioverà
   - b. il cielo sarà nuvoloso
   - c. farà bel tempo

3. Claudio ricorda a Valeria che
   - a. sono andati al mare una settimana prima
   - b. pochi giorni prima è piovuto
   - c. fa troppo caldo

4. Alla fine decidono di
   - a. ascoltare le previsioni del tempo
   - b. fare la gita al mare
   - c. rinunciare alla gita

2 Ascoltate le previsioni e indicate, come nell'esempio in blu: a) che tempo farà nelle varie zone d'Italia; b) come saranno mari, venti e temperature.

| Sud | Centro | Nord |

a

sereno

variabile

nuvoloso

pioggia

temporale

neve

nebbia

b

calmo

mosso

molto mosso

deboli

moderati

forti

in diminuzione

stabili

in aumento

| mari: Adriatico e Tirreno | venti | temperature |

3 Completate la tabella con le espressioni sul tempo che trovate nell'attività D1.

Che tempo fa? / Com'è il tempo?

Il tempo è bello/brutto.	*Fa* .... */ brutto tempo.*
È sereno/nuvoloso.	*Fa caldo / Fa* .... *.*
C'è il sole / la nebbia / il vento.	*Piove / Nevica / Tira* .... *.*

4 In coppia. Volete fare una gita, osservate le immagini con le previsioni del tempo nel fine settimana e fate un dialogo:

Perché non andiamo a...?

Il tempo è/sarà...

Meglio andarci domenica perché...

- parlate del tempo;
- decidete dove andare, quando, con quale mezzo;
- decidete l'ora e il luogo dell'appuntamento.

per leggere il cielo

| sereno | poco nuvoloso | variabile | nuvoloso | coperto | neve | pioggia | temporale | nebbia |

il mare

| calmo | poco mosso | mosso | molto mosso | agitato |

il vento

| debole | moderato | forte |

sabato

domenica

es. 16
p. 145

Vocabolario e abilità

1 a Cruciverba di Natale. Leggete le definizioni e inserite le parole date. Attenzione: ci sono due parole in più!

presepe ⨯ *bianca* ⨯ *negozi*
Babbo Natale ⨯ *albero* ⨯ *panettone*
tombola ⨯ *regali* ⨯ *Capodanno*

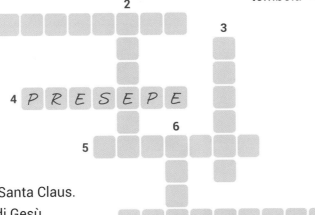

Orizzontali

1. In inglese si chiama Santa Claus.
4. Scena della nascita di Gesù.
5. Un gioco come il bingo.
7. Dolce tradizionale italiano del Natale.

Verticali

2. A Natale addobbiamo l'...
3. Ai bambini buoni Babbo Natale porta tanti...
6. Una settimana sulla neve è una settimana...

b Viaggi. Mettete le parole nel gruppo giusto, come nell'esempio in blu.

passeggero ⨯ *carrozza* ⨯ *stazione* ⨯ *uscita C2* ⨯ *bagaglio a mano* ⨯ *imbarco* ⨯ *volo*
andata ⨯ *posto* ⨯ *controllore* ⨯ *aeroporto* ⨯ *binario*

Viaggio in treno	Viaggio in aereo	Viaggio in treno e in aereo
....	....	*passeggero*
....	....	....
....	....	....
....	....	....

2 Parliamo

1. Quali sono le feste più importanti nel vostro Paese?
2. Di solito, come passate il giorno di Natale? E cosa fate a Capodanno?
3. Raccontate come avete trascorso le ultime feste (quando, dove, con chi ecc.).
4. Parlate dei paesi che avete visitato. Quali volete visitare in futuro e perché?
5. Che tempo ha fatto ieri nella vostra città? Quali sono le previsioni per domani?

3 Ascolto

Quaderno degli esercizi (p. 146)

es. 17-19
p. 146

4 Scriviamo

Hai ricevuto un invito per le feste da un amico che vive a Perugia, ma non puoi accettare. Nella tua risposta ringrazi, spieghi perché non puoi accettare l'invito e parli dei programmi che hai per quei giorni di festa.

▶ p. 91

Test finale

Natale: fra tradizione e curiosità

1 Leggete i testi: quale tradizione trovate più interessante?

"Natale con i tuoi, Pasqua con chi vuoi" dice un proverbio* italiano. Infatti, il Natale in Italia è una festa da passare con la famiglia, la Pasqua con amici e conoscenti*. A Natale, in Italia è tradizione fare il presepe, e non solo in casa. Dal 1200, infatti, molte città organizzano il presepe vivente: gli abitanti del luogo ricreano la nascita di Gesù, interpretano artigiani* del passato e offrono cibo e bevande ai visitatori. Quello di Matera è tra i presepi viventi più belli.

Insieme al presepe, nelle case italiane è tradizione anche addobbare l'albero di Natale.

Bellissimo l'albero, regalo di un Paese straniero, in Piazza San Pietro a Roma.

✖ In Via San Gregorio Armeno, a Napoli, troviamo le botteghe* degli artigiani con tutto quello che serve per fare il presepe.

Panettone, pandoro e torrone sono i dolci tipici natalizi, che gli italiani comprano al supermercato (se di produzione industriale) o in pasticceria (se fatti a mano).

Durante le feste i bambini aspettano l'arrivo di Babbo Natale che il 24 dicembre porta i doni*. In alcuni paesi del Nord Italia, però, i bambini ricevono i regali il 6 dicembre, giorno di San Nicola. In altre città, come Bergamo e Verona, i bambini scrivono una lettera con una lista di regali a Santa Lucia, il 13 dicembre.

Durante le feste natalizie, in molte piazze italiane troviamo i mercatini di Natale. Uno molto famoso per i suoi dolci tipici e per gli oggetti di artigianato è quello di Bolzano.

2 Indicate le informazioni presenti nel testo.

- [ ] 1. I presepi viventi di San Pietro sono molto famosi.
- [ ] 2. Ogni regione italiana ha un mercatino natalizio.
- [ ] 3. Al mercatino di Bolzano è possibile comprare dolci tipici.
- [ ] 4. Il 24 dicembre Babbo Natale porta i doni ai bambini.
- [ ] 5. Il Natale è un'occasione per stare con la famiglia.
- [ ] 6. Il panettone e il pandoro sono dolci natalizi.

Glossario. *proverbio*: frase, detto che riassume l'esperienza di un popolo e insegna qualcosa; *conoscente*: persona che conosciamo, ma che non è ancora nostra amica; *artigiano*: persona che produce un oggetto con il proprio lavoro; *bottega*: negozio e laboratorio dell'artigiano; *dono*: regalo.

3 Fate una breve ricerca su una delle feste indicate sotto e poi compilate la scheda. Presentate le informazioni che avete trovato ai compagni. Se volete, potete anche mostrare delle immagini.

Epifania × *Capodanno* × *Pasqua* × *Carnevale* × *25 aprile* × *2 giugno*
Ferragosto × *Palio di Siena* × *Regata Storica*

Espressioni utili

- *Oggi vi presento il/la...*
- *Questa festa è il... di...*
- *Durante questa festa gli italiani...*

Nome della festa: ....
Giorno/mese: ....
Che cosa festeggiano gli italiani: ....
Che cosa fanno per la festa: ....
Piatti speciali/dolci: ....

Attività online

I treni in Italia

1 Leggete i testi e rispondete brevemente alle domande.

Gli italiani viaggiano spesso in treno per distanze sia brevi che lunghe. La rete ferroviaria italiana copre tutto il territorio nazionale e la qualità dei servizi* offerti è piuttosto alta. Ci sono treni e servizi per ogni esigenza.

Treni ad Alta Velocità: le *Frecce* sono i treni più rapidi, lussuosi e, naturalmente, più cari. Viaggiano a oltre 300 chilometri all'ora (Km/h) e collegano* le grandi città in tempi brevi. La prenotazione è obbligatoria*.

Treni per il trasporto locale: i *Regionali* collegano le piccole città all'interno della stessa regione o di regioni vicine. Si fermano in tutte le stazioni e offrono principalmente posti di seconda classe. Non hanno la velocità delle Frecce, ma sono comodi e hanno prezzi bassi.

Gli *Intercity*, invece, coprono tutto il territorio nazionale e si fermano solo nelle principali città. Non sono però molto frequenti.

- È possibile fare i biglietti in stazione, alle macchinette automatiche o in biglietteria. Se non volete fare la fila*, potete fare il biglietto direttamente sul sito www.trenitalia.com.

1. Gli italiani viaggiano in treno?
2. Quali sono le differenze tra le Frecce e i Regionali?
3. Dove si può fare il biglietto?
4. Quale servizio offre Trenitalia?

Glossario. *servizio*: le attività che sono offerte o vendute; *collegare*: unire, mettere in comunicazione; *obbligatorio*: necessario, che bisogna fare; *fare la fila*: quando le persone sono una dietro l'altra e aspettano il loro turno; *agile*: facile e semplice da usare.

Con Trenitalia alla scoperta del Patrimonio Mondiale dell'Unesco

Le bellezze del Patrimonio Mondiale dell'Umanità che è possibile raggiungere in treno sono in un agile* travel book di Trenitalia: con i servizi regionali di Trenitalia è possibile raggiungere ben 33 siti Unesco su 54 presenti nel territorio nazionale.

Una guida dettagliata delle 33 bellezze Unesco presenti da Nord a Sud del Belpaese da scoprire e ammirare gra-

zie alla presenza di oltre 5mila collegamenti giornalieri del trasporto regionale e degli oltre 280 servizi quotidiani effettuati con le *Frecce* Trenitalia.

adattato da *www.fsitaliane.it*

Cosa hai imparato nelle unità 4 e 5?

1 Sai...? Abbina le due colonne.

1. fare previsioni	☐ a. *L'anno prossimo comprerò un nuovo computer.*
2. fare ipotesi	☐ b. *Vedrai che alla fine Silvia sposerà Carlo.*
3. parlare del tempo	☐ c. *Fa freddo oggi, vero?*
4. parlare di progetti	☐ d. *Anna? Non avrà più di 20 anni.*
5. fare promesse	☐ e. *Sarò a casa tua alle 9!*

2 Abbina le frasi.

1. Un biglietto per Roma con l'Intercity.	☐ a. *Brutto, molto brutto.*
2. Che tempo fa oggi da voi?	☐ b. *No, bisogna cambiare a Bologna.*
3. Offro io, cosa prendi?	☐ c. *Andata e ritorno?*
4. Il treno va direttamente a Firenze?	☐ d. *Il 3 aprile dell'89.*
5. Quando sei nato?	☐ e. *Un caffè macchiato, grazie!*

3 Completa.

1. Due tipi di treni: ....
   ....

2. Tre feste italiane: ....
   ....

3. Il passato prossimo di *prendere* (prima persona singolare): ....

4. Il futuro semplice di *venire* (prima persona singolare): ....

5. Il futuro composto di *partire* (prima persona singolare): ....

Le due torri, Bologna

4 In ogni gruppo trova la parola estranea.

1. pioggia | neve | vento | sole | ombrello
2. treno | aereo | aeroporto | nave | autobus
3. libri | caffè | gelati | dolci | panini
4. stazione | biglietteria | binario | prenotazione | panettone
5. Palio di Siena | Natale | Pasqua | Epifania | Ferragosto

Controlla le soluzioni a pagina 92.
Sei soddisfatto/a?

Episodio - Un nuovo lavoro

Per cominciare...

Guardate le immagini sotto, poi leggete le parole che seguono e che trovate anche a pagina 15. Secondo voi, quali ci sono anche nell'episodio video?

collega ✕ *metro* ✕ *giornale* ✕ *centro* ✕ *casa* ✕ *carina* ✕ *simpatica* ✕ *macchina*

Guardiamo

Guardate l'episodio e abbinate le battute ai fotogrammi.

1. Arrivederci!
2. E tu, dove abiti, Gianna?
3. Ciao Michela, ci vediamo domani!
4. Buongiorno! Sei Gianna, no?

Facciamo il punto

1 In coppia, descrivete le due protagoniste.

	capelli	occhi	altro	
Gianna	....	....	☐ alta	☐ bassa
	....		☐ allegra	☐ scortese
Michela	....	....	☐ magra	☐ grassa
	....		☐ triste	☐ simpatica

2 Guardate di nuovo l'episodio dal minuto 2'23". Con chi parla Gianna? Che cosa dice?

Episodio - Che bella casa!

Per cominciare...

1 Nell'unità 2 ci sono queste parole. Ricordate cosa significano? Quali sono relative alla casa?

strumento × *appartamento* × *biglietto* × *balcone* × *affitto* × *soggiorno*

 2 In coppia, guardate i primi 35 secondi dell'episodio: secondo voi, come continua? E come finisce?

Guardiamo

1 Guardate tutto l'episodio e verificate le vostre ipotesi.

2 Cosa dicono i due protagonisti? Abbinate le parole ai fotogrammi, come nell'esempio in blu.

☐ disordine   ☐ comoda   *a* ☐ carino   ☐ grande

Facciamo il punto

1 Mettete in ordine le battute e poi scrivete L accanto alle battute di Lorenzo e G accanto a quelle di Gianna, come nell'esempio in blu. Se volete, potete guardare di nuovo l'episodio.

☐ a. Senti, vuoi bere qualcosa?

1 b. L'ascensore è in fondo a destra!

☐ c. Non posso restare molto tempo. L

☐ d. Beviamo qualcosa fuori?

☐ e. Proprio bella la tua casa!

☐ f. Perfetto! Andiamo, allora.

2 Osservate i fotogrammi. Che cosa succede in ogni scena?

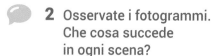   

3 Quali espressioni (incontrate anche a pagina 33 del Libro dello Studente) usano Lorenzo e Gianna per invitare e accettare un invito?

Episodio - Un video da inviare

Per cominciare...

Guardate i primi 44 secondi dell'episodio. Ricordate a chi deve mandare il video Gianna?
Che video è? Fate delle ipotesi.

Guardiamo

1 Guardate tutto l'episodio e verificate le vostre ipotesi.

2 Osservate e mettete in ordine i fotogrammi.

Ma quanto sei impaziente Gianna!

Vado e torno fra due ore... Tu intanto cerchi.

Quale computer? Oh, no!

Dai, quanto sei impaziente Lorenzo! Uff!

Facciamo il punto

1 Osservate i gesti e le espressioni di Lorenzo e Gianna: abbinate le frasi ai fotogrammi, come nell'esempio in blu.

3 a. Eccolo, vedi?

   b. No, qui al nuovo cinema, di fronte all'ufficio postale.

   c. Forse è molto pesante.

   d. Certo... almeno credo...

2 Scrivete un riassunto dell'episodio.

Episodio - Una pausa al bar

Per cominciare...

💬 Guardate l'episodio fino al minuto 1'30". Secondo voi, cosa porta il cameriere a Gianna e a Lorenzo?

Guardiamo

1 Guardate tutto l'episodio e verificate le vostre ipotesi.

2 Abbinate le frasi date ai fotogrammi.

a. Ma hai già ordinato una spremuta!

b. Io vorrei una spremuta d'arancia.

c. No, io ho ordinato solo il tiramisù! Che confusione!

d. Ho capito. Allora, ripeto: per la signora...

Facciamo il punto

1 Rispondete alle domande.

1. Perché Gianna non ha fame?
2. Perché poi cambia idea e ordina da mangiare?
3. Come vuole il caffè Lorenzo?
4. Perché il cameriere ha sbagliato le ordinazioni?

 2 In coppia, osservate il listino del bar a pagina 67: in base alle ordinazioni portate dal cameriere (quelle sbagliate!), quanto devono pagare in totale Gianna e Lorenzo?

Episodio - Facciamo l'albero di Natale?

Per cominciare...

Sappiamo che Gianna andrà a Palermo dal fratello. Secondo voi, Lorenzo come passerà le feste?

Guardiamo

1 Guardate l'episodio e verificate le vostre ipotesi.

2 In coppia. Abbinate le frasi ai fotogrammi, poi indicate la sequenza giusta.

a. Senti, non ho ancora trovato tutti gli addobbi.

b. • Ah, pure il presepe?
   • Eh, sì, mi è sempre piaciuto, sai, fin da bambino.

c. • Grazie per l'aiuto!
   • Figurati, mi piace fare l'albero di Natale.

d. Ma abbiamo già finito?!

Facciamo il punto

1 Rispondete alle domande.

1. Lorenzo probabilmente viaggerà
   ☐ a. con 4 amici   ☐ b. con 2 amici   ☐ c. con la famiglia

2. Lorenzo andrà
   ☐ a. sulle Dolomiti   ☐ b. in Molise   ☐ c. sul Lago Maggiore

3. Lorenzo prenderà
   ☐ a. la macchina e l'autobus   ☐ b. il treno e la macchina   ☐ c. il treno e l'autobus

2 Scrivete un riassunto dell'episodio.

Unità introduttiva

1. 1. b, 2. d, 3. c, 4. a

2. 1. La, 2. sono, 3. ha, 4. Il, 5. ha, 6. Gli

3. 1. le finestre aperte, 2. gli sport americani, 3. la ragazza alta, 4. la casa nuova, 5. i libri italiani, 6. la borsa piccola

Unità 1

1. 1. a, 2. c, 3. e, 4. b, 5. d

2. 1. b, 2. e, 3. d, 4. c, 5. a

3. 1. basso, 2. *guardate la cartina a pagina 27*, 3. capisci,
   4. avete

4. naso, trenta, testa, biondo, minuti, sedici

Unità 2

1. 1. b, 2. e, 3. d, 4. c, 5. a

2. 1. c, 2. e, 3. a, 4. b, 5. d

3. 1. per, da, in, a...; 2. venerdì; 3. settimo; 4. voglio;
   5. facciamo

4. **Orizzontale:** sesto, occhio, affitto, duemila, comodo;
   Verticale: vengo

Unità 3

1. 1. d, 2. b, 3. c, 4. e, 5. a

2. 1. d, 2. c, 3. e, 4. b, 5. a

3. 1. autobus, metro...; 2. gennaio; 3. sopra; 4. tengo;
   5. vogliamo

4. 1. festa, 2. intorno, 3. mezzogiorno, 4. mittente,
   5. soggiorno

Unità 4

1. 1. e, 2. a, 3. b, 4. c, 5. d

2. 1. d, 2. e, 3. a, 4. c, 5. b

3. 1. macchiato, ristretto...; 2. il cappuccino;
   3. bevuto; 4. sono rimasto/a; 5. essere

4. **Orizzontale:** successo, piazza, giugno, panino, gelati;
   Verticale: sopra, listino, tavolino

Unità 5

1. 1. b, 2. d, 3. c, 4. a, 5. e

2. 1. c, 2. a, 3. e, 4. b, 5. d

3. 1. Intercity, Freccia...; 2. Natale, Capodanno, Pasqua...; 3. ho preso; 4. verrò; 5. sarò partito/a

4. 1. ombrello, 2. aeroporto, 3. libri, 4. panettone, 5. Palio di Siena

Benvenuti!

Unità introduttiva

1 a Maschile o femminile? Abbina i nomi e gli aggettivi a Maria o a Gino, come nell'esempio.

MARIA

GINO

Maria

ragazza	ragazzo
amica	bella
studente	alto
argentina	italiano

b Scegli la parola giusta, come nell'esempio in blu. Vedi anche l'Approfondimento grammaticale a pag. 155 del Libro dello studente.

gatto | <u>gatti</u>

casa | case

chiave | chiavi

medico | medici

gelato | gelati

pesce | pesci

ragazzo | ragazzi

finestra | finestre

cappuccino | cappuccini

chitarra | chitarre

gondola | gondole

2 a Scrivi le parole al plurale, come nell'esempio in blu.

1. lezione ..... *lezioni* .....
2. studente ....
3. giornale ....
4. treno ....

5. notte ....
6. lettera ....
7. porta ....
8. libro ....

b Scrivi il plurale, come nell'esempio.

1. casa nuova ..... *case nuove* .....
2. libro aperto ....
3. giornale italiano ....

4. gelato piccolo ....
5. borsa rossa ....
6. studente americano ....

3 Pronuncia. Inserisci le parole nella colonna corretta, come nell'esempio in blu.

difficile ◆ lingua ◆ gondola ◆ giornale ◆ americano ◆ pagina ◆ ciao ◆ piccolo ◆ dieci

... come caffè	... come limoncello	... come galleria	... come gelato
	difficile,		

4 Fai l'abbinamento come nell'esempio.

1. Io (*b*)
2. Tu
3. Peter
4. Noi
5. Tu e John
6. Naomi e Osvaldo

a. è tedesco.
b. sono marocchino.
c. siete americani?
d. sono brasiliani.
e. sei spagnolo?
f. siamo australiane.

5 Completa con il verbo *essere*.

1. Voi .... italiani?
2. Tu .... argentino.
3. Noi .... studenti.
4. Io .... Giulia, piacere!
5. Maria .... alta.
6. Le finestre .... aperte.

6 Scrivi l'articolo singolare corretto.

1. .... calcio
2. .... uscita
3. .... stivale
4. .... vestito
5. .... pesce

6. .... casa
7. .... isola
8. .... immagine
9. .... aereo
10. .... sport

7 Completa con l'articolo corretto, come nell'esempio in blu.

_il_ gatto

.... macchina

.... zio

.... chiavi

.... arte

.... spaghetti

.... albero

.... treni

.... zaino

.... case

8 Trasforma al singolare o al plurale, come nell'esempio. Giochi

la casa ➜ _le case_

1. il ristorante ➜ ....
2. l'isola ➜ ....
3. .... ➜ gli zii
4. l'aereo ➜ ....

5. .... ➜ le finestre
6. .... ➜ le opere
7. la notte ➜ ....
8. il cappuccino ➜ ....

9 a Trasforma al plurale. Vedi anche l'Approfondimento grammaticale a pag.155 del Libro dello studente.

1. il caffè ➜
2. la città ➜
3. il cinema ➜
4. l'auto ➜
5. lo sport ➜

6. il bar ➜
7. il problema ➜
8. il turista ➜
9. l'ipotesi ➜
10. la regista ➜

b Abbina gli aggettivi ai nomi e scrivi l'articolo corretto.

1. ...... bariste
2. ...... caffè
3. ...... film
4. ...... turista
5. ...... città
6. ...... auto

ROSSE
ITALIANA
SPAGNOLO
GIOVANI
AMARI
NUOVI

10 a Osserva le immagini e forma 6 frasi, come nell'esempio in blu.

vestiti ♦ Federica
ragazze ♦ albero ♦ casa
museo ♦ studenti

1. *Federica è bella.*
2. ....
3. ....
4. ....
5. ....
6. ....
7. ....

bella ♦ nuovi
italiane ♦ moderna
aperto ♦ alto ♦ australiani

b Trasforma le frasi dell'esercizio 10a dal singolare al plurale o dal plurale al singolare, come nell'esempio.

1. *Federica e Gabriella sono belle.*
2. ....
3. ....
4. ....
5. ....
6. ....
7. ....

11 Fai l'abbinamento come nell'esempio.

1. Tu *(c)*
2. Io
3. Maria e Gino
4. Noi
5. Carmen
6. Tu e Gloria

a. ha un fratello.
b. avete un amico americano.
c. hai una bella casa.
d. abbiamo una sorella.
e. ho un libro nuovo.
f. hanno un gatto.

12 Completa con il verbo *avere*.

1. Francesco è piccolo, ... 7 anni.
2. .... tu le chiavi?
3. Noi .... un problema.
4. Io .... due fratelli.
5. Gli zii .... una macchina nuova.
6. .... voi il giornale?

13 Completa come nell'esempio.

Io *mi chiamo* Andrea.

1. Tu .... Maria?
2. Lui .... Piero.
3. Io .... Sabrina.

4. Il gatto .... Gigi.
5. Lei .... Lia.
6. E tu, come ....?

14 a Leggi la scheda e completa la presentazione di Mariella.

Nome: Mariella
Cognome: Console
Nazionalità: italiana
Nata a: Roma
Età: 19 anni

Ciao, ... Mariella Console, sono ...., di Roma, ... 19 anni.

b Completa il dialogo.

- Ciao, io .... Matteo.
- ...., Matteo! Io sono Jane.
- Quanti .... hai, Jane?
- Ho 24 .... E tu?
- Io ho 27 anni. .... americana?
- No, ... inglese, ... Liverpool.

A Completa gli spazi blu con il verbo *essere* e gli spazi rossi con il verbo *avere*.

Paolo .... (1) italiano, ... (2) di Napoli e .... (3) 22 anni. Lui .... (4) molti amici: Ana e Dolores .... (5) spagnole e .... (6) 21 anni; Jonathan .... (7) australiano e .... (8) 20 anni; Beatriz, Cristina e Vitória .... (9) brasiliane e .... (10) 22 anni.

B Scegli l'articolo corretto.

...... (1) libro   a. la   ...... (2) stivale   a. la   ...... (3) latte   a. la
              b. il   b. lo   b. il
              c. lo   c. il   c. le

...... (4) casa   a. la   ...... (5) aereo   a. il   ...... (6) italiani   a. i
              b. le   b. lo   b. gli
              c. il   c. l'   c. l'

C Scegli il plurale corretto.

aereo ➜ ...... (1)   città ➜ ...... (2)   sport ➜ ...... (3)
a. le aree   a. le città   a. i sport
b. l'aerei   b. i città   b. le sport
c. gli aerei   c. le citté   c. gli sport

giornale ➜ ...... (4)   problema ➜ ...... (5)   zio ➜ ...... (6)
a. i giornali   a. i problema   a. le zie
b. le giornali   b. li problemi   b. gli zii
c. gli giornali   c. i problemi   c. gli zia

D Osserva i disegni e risolvi il cruciverba.

Risposte giuste: .... /30

Giochi

Un nuovo inizio

Quaderno degli esercizi

1 Completa i verbi.

1. • Maria, cosa guard......? • Guardo un film di Fellini.
2. • Dove abiti? • Abit...... a Milano.
3. • Cosa ascolt......? • Ascolto un CD di Marco Mengoni.
4. • A che ora parti domani? • Part...... alle sette.
5. • Che cosa scrivi? • Scriv...... una lettera.
6. • Dove lavori? • Lavor...... in un bar.
7. • Parl...... italiano? • No, non parlo italiano.
8. • Cosa leggi? • Legg...... il giornale.

Federico Fellini

2 Completa le frasi con i verbi dati.

apre ◆ lavora ◆ parti ◆ parla ◆ ascolta ◆ prende ◆ arrivo ◆ abita

1. Il bar vicino a casa mia .... alle 6.
2. La mattina Luisa .... due caffè.
3. Mario, a che ora .... per Torino?
4. Marco .... tre lingue!
5. Gianna .... in un giornale.
6. Io .... a casa alle 5.
7. Giovanni .... musica straniera.
8. Giulia .... a Roma.

3 Scegli l'alternativa corretta.

1. Roberto costruisce/costruite una nuova casa.
2. Oggi io e Marco finite/finiamo di lavorare alle 3.
3. Io pulisci/pulisco il bagno e tu pulisci/pulisce la cucina.
4. Aldo, quando spedisci/spediscono l'email?
5. Il film finisce/finisco tra dieci minuti.
6. Quando sono in metro preferisco/preferisce ascoltare musica.
7. Brigitte e Laura capite/capiscono molto bene l'italiano.
8. Laura, preferiamo/preferisci una pizza o un panino?

4 Completa le frasi con la forma corretta dei verbi.

1. Io .... (preferire) il vestito rosso, è più bello.
2. La lezione .... (finire) alle 11.
3. Francesco e io .... (prendere) il treno.
4. Marta .... (cucinare) molto bene.
5. Ragazzi, ... (aprire) le finestre, per favore?
6. Loro .... (lavorare) ogni giorno dalle 9 alle 18.
7. Lucien, ... (scrivere) bene in italiano! Complimenti!
8. Noi .... (parlare) lo spagnolo e .... (capire) un po' l'italiano.

5 Completa i mini dialoghi con la forma corretta dei verbi.

1. • Ciao ragazze. Cosa .... (prendere)?
   • Io .... (prendere) un caffè, Maria .... (prendere) un gelato.

2. • Giulia, parli l'inglese?
   • Sì, parlo l'inglese e .... (capire) anche il francese.

3. • Tu e Maria aprite un ristorante?
   • Sì, ... (aprire) un ristorante in centro.

4. • Luca, ... (offrire) io la pizza!
   • Grazie!

5. • A che ora .... (partire) il treno?
   • Alle 10:23.

6. • Ragazze, cosa mangiate?
   • .... (Mangiare) una pizza.

7. • Dove sono i ragazzi?
   • Sono qui, ... (leggere) un libro.

8. • Di dove siete?
   • Siamo di Firenze, ma .... (abitare) a Genova.

Palazzo della Borsa in
Piazza De Ferrari, Genova

6 Completa le frasi, come nell'esempio in blu.

La farmacia chiude alle sette.
Le farmacie ......*chiudono*...... alle sette.

1. Margaret capisce bene l'italiano.
   Margaret e Monique .... bene l'italiano.

2. Sara non prende l'autobus.
   Sara e Tiziana non .... l'autobus.

3. Francesca telefona a Sergio ogni giorno.
   Francesca e Piera .... a Sergio ogni giorno.

4. Andrea parla molto.
   Patrizia e Giovanna .... molto.

5. Gianni pulisce la casa ogni sabato.
   Gianni e Gigi .... la casa ogni sabato.

6. Aldo legge il *Corriere della Sera*.
   Aldo e Luisa .... il giornale.

7 Trasforma le frasi, come nell'esempio.

   Rispondo a tutte le domande.
   Teresa *risponde a tutte le domande* ....

1. Mangio al ristorante ogni giorno.
   Ragazzi, perché .... ?

2. Comincio a lavorare alle 9 e finisco alle 2.
   Voi ....

3. Quando torno a casa, la sera, cucino.
   Tu .... ?

4. Vivo in Italia da un anno, ma non capisco bene l'italiano.
   Marcelo ....

5. Quando ho tempo, preferisco leggere un libro.
   Noi ....

8 Metti in ordine le parole per formare le frasi. Comincia con la parola blu.

1. le | alle 8 | scuole | aprono
   ....

2. Roma, | Maria | vivono a | e Vittoria | in centro
   ....

3. telefona a | Giacomo | sera | Luisa ogni
   ....

4. in un | giornale da | lavora | due anni | Michela
   ....

5. al ristorante | Giulio | mangia | non
   ....

6. per | treno | giorno| prende il | Lia ogni | Milano
   ....

9 Completa con l'articolo indeterminativo.

1. .... amico italiano
2. .... ragazza francese
3. .... libro d'inglese
4. .... sport interessante
5. .... problema importante
6. .... finestra aperta
7. .... amica gentile
8. .... zio simpatico

10 Completa gli spazi blu con i verbi e gli spazi rossi con gli articoli indeterminativi.

Ciao! Piacere, io sono Joseph, ... (1) studente di italiano. .... (2. Studiare) l'italiano a Firenze, in .... (3) scuola in centro. La scuola è molto bella e c'è anche .... (4) bar. In classe noi .... (5. essere) sette studenti: io, Hamid, Juanita, Letícia, Lee, John e Nate, che .... (6. essere) due fratelli americani. Abbiamo .... (7) insegnante molto simpatica, Marina. Lei .... (8. essere) italiana, di Napoli. Noi .... (9. abitare) tutti in centro.

11 a Guarda i disegni e forma 6 frasi, come nell'esempio in blu.

Valeria ◆ giardino ◆ amiche ◆ farmacia ◆ libro ◆ case ◆ studente
verde ◆ intelligente ◆ chiusa ◆ italiane ◆ bionda ◆ interessante ◆ piccole

1. *Il giardino è verde.* ....
2. ....
3. ....
4. ....

5. ....
6. ....
7. ....

b Trasforma le frasi dell'esercizio 11a dal singolare al plurale o dal plurale al singolare, come nell'esempio.

1. *I giardini sono verdi.* ....
2. ....
3. ....
4. ....

5. ....
6. ....
7. Luisa e Valeria ....

12 Completa le domande.

Giochi

1. Ciao, ... ti chiami?

2. Di .... sei?

3. .... anni hai?

4. .... abiti? In centro?

5. .... musica ascolti?

6. Da .... tempo studi l'italiano?

13 Scrivi le domande.

1. ● ....
   ● Abito in Italia, a Perugia.

2. ● ....
   ● Sono in Italia per imparare la lingua.

3. ● ....
   ● Mi chiamo Francesca.

4. ● ....
   ● Ho vent'anni.

5. ● ....
   ● No, Maria è spagnola, non brasiliana.

6. ● ....
   ● Sì, sono brasiliana, di San Paolo.

7. ● ....
   ● Sono di Napoli, ma abito a Roma.

8. ● ....
   ● Prendi l'autobus numero 40.

14 Trasforma le frasi dal *tu* al *Lei* o dal *Lei* al *tu*.

1. Scusi, per andare in centro? ....
2. Sei straniera, vero? ....
3. Ciao, come ti chiami? ....
4. Ciao Giulio, a domani. ...., professore, a domani.
5. Gloria, dove abiti? Signor Casseri, ...
6. Signora, a che ora prende l'autobus? Claudio, ...

15 Guarda le foto e indica l'aggettivo corretto.

1. Chiara ha i capelli
   neri | rossi

2. Lucia ha 20 anni: è
   giovane | anziana

3. Valeria ha i capelli
   corti | lunghi

4. Mario è
   alto | basso

5. Rita è
   triste | allegra

6. Roberto Benigni è
   simpatico | antipatico

16 Completa con *a*, *in*, *di*, *da*, *in*, *per*.

Ciao, mi chiamo Alicia e sono spagnola, ... (1) Madrid. Sono .... (2) Italia .... (3) pochi giorni. Abito .... (4) Perugia, ... (5) via Rocchi. Sono qui .... (6) imparare l'italiano all'Università per Stranieri.
I miei compagni sono molto simpatici e la sera mangiamo spesso insieme. Perugia è una città piccola, ma molto bella!

Perugia

A Completa con l'articolo determinativo o indeterminativo.

Tommy è .... (1) cane molto simpatico e intelligente. Vive a Pisa, in .... (2) casa con un grande giardino. .... (3) suo migliore amico è Chicco, ... (4) gatto nero con .... (5) occhi verdi, che non mangia .... (6) pesce! Tommy, invece, mangia molto, anche .... (7) pizza e .... (8) spaghetti, e dorme tutto .... (9) giorno.

Chicco e Tommy

B Scegli l'alternativa corretta.

1. Signora, ... (1) un caffè o ...... (2) un cappuccino?

   (1) a. prendi   (2) a. preferisce
        b. prende   b. preferisco
        c. prendo   c. preferisci

2. Gli amici di Luana ...... (1) stasera: ...... (2) il treno delle 9.

   (1) a. partite   (2) a. prendo
        b. partiamo   b. prendono
        c. partono   c. prendete

3. Giorgio e Riccardo non ...... (1) bene l'inglese, però ...... (2) tutto.

   (1) a. parla   (2) a. capisce
        b. parliamo   b. capite
        c. parlano   c. capiscono

4. • Io sono Stefano, piacere.
   • ...... (1) Io sono Valeria.

   (1) a. Ci vediamo!
        b. Piacere!
        c. Arrivederci!

5. • Buongiorno, signora Letta.
   • Buongiorno, ... (1), Lorenzo?
   • Bene, grazie!

   (1) a. come stai
        b. complimenti
        c. scusi

6. Io ...... (1) questo lavoro e ...... (2) per le vacanze.

   (1) a. finisco   (2) a. parti
        b. finisci   b. parto
        c. finite   c. parte

7. Marco non ...... (1) la casa il sabato perché ...... (2).

   (1) a. puliamo   (2) a. lavoro
          b. pulisce   b. lavori
          c. pulisci   c. lavora

8. È un libro ...... (1), ma molto ...... (2).

   (1) a. difficili   (2) a. interessante
          b. difficoltà   b. interesse
          c. difficile   c. interessanti

C Risolvi il cruciverba.

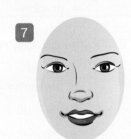

Risposte giuste: .... / 30

Giochi

108

Tempo libero

Quaderno degli esercizi

1 Fai l'abbinamento.

1. Antonio e Sergio amano lo sport:
2. Quest'anno dove
3. Domani Maria e Bruno
4. Qualche volta io
5. Domani sera cosa facciamo,
6. Se andate al supermercato, vengo

a. andate tu e Mariella in vacanza?
b. anch'io per prendere il latte.
c. vado a mangiare al ristorante.
d. vengono a casa mia.
e. vanno in palestra due volte alla settimana.
f. andiamo al cinema?

2 Completa gli spazi blu con il presente indicativo di *andare* e gli spazi rossi con il presente indicativo di *venire*.

1. Noi, il fine settimana, ... spesso al lago.
2. Luca e Maria .... in vacanza in Sardegna.
3. Franco, se .... al cinema, ... anch'io con te.
4. Giorgia, ... con noi al bar a bere qualcosa?
5. Marta .... in Francia per lavoro.
6. Quando ho un po' di tempo libero, ... a giocare a calcio.
7. Ragazzi, ... in centro in autobus o .... in macchina con noi?
8. Gino .... a prendere il caffè da me. Perché non .... anche voi?

Lago di Garda

3 Completa le frasi con il presente indicativo di *andare* o *venire*.

1. Mario, venerdì sera noi .... al concerto dei Negramaro. .... con noi?
2. Domani pomeriggio Lucia e Bruno non possono .... a casa tua: .... in piscina.
3. Vincenzo, ... all'università? Io .... con te.
4. Oggi stiamo a casa, non .... a ballare con voi.
5. Ciao mamma, ... in palestra con Luca.
6. Ragazze, oggi .... in ufficio con me?
7. .... anche Martina e Lia al cinema con noi stasera!
8. Monica .... in centro con la metro o .... in macchina con Francesca?

EDILINGUA

4 Completa i verbi. Vedi anche l'Approfondimento grammaticale a pag. 159 del Libro dello studente.

1. • Aldo, cosa cerch............ nello zaino? • Cerc............ il libro di storia.
2. Nicola, perché non da............ il giornale a Giuseppe?
3. I ragazzi esc............ stasera?
4. Voi sap............ a che ora parte il treno?
5. Aldo e Massimo sono medici, fa............ un lavoro molto interessante.
6. Domani, la classe 3F cominci............ la lezione alle 11. Noi, ragazzi, cominci............ alle 10.

5 a Completa le frasi con i verbi dati.

uscite ✦ *dà* ✦ *fanno* ✦ *andate* ✦ *giochiamo* ✦ *sapete* ✦ *paghi* ✦ *venite* ✦ *sa* ✦ *stai*

1. Noi .... molto bene a tennis.
2. Ciao, Mario, come ....?
3. Scusi signora, ... dov'è via Mazzini?
4. Signora Risi, ... Lei queste lettere al signor Risi?
5. Offro sempre io il caffè, questa volta .... tu!
6. Nel tempo libero Gina e Lorella .... tante cose.
7. Ragazzi, se sabato non .... cosa fare, perché non .... in montagna con noi?
8. Perché tu e Giulio non ....? Perché qualche volta non .... al cinema o a teatro?

b Completa le frasi con il presente indicativo dei verbi dati. Vedi anche l'Approfondimento grammaticale a pag. 159 del Libro dello studente.

1. Se io .... (bere) il caffè la sera, poi non dormo.
2. Piero .... (tradurre) dall'inglese e dal francese.
3. Io la sera .... (uscire) poco, spesso .... (rimanere) a casa perché sono stanco.
4. Nell'email, Irene e Vincenzo .... (dire) che .... (stare) bene e salutano tutti.
5. L'insegnante .... (dare) gli esercizi per casa.
6. Eleonora .... (andare) a un corso di tango ogni venerdì sera.
7. Luisa, perché non .... (spegnere) il computer?
8. Cosa .... (fare, noi) stasera? Pizza o cinema?

6 Trasforma le frasi come nell'esempio. Vedi anche l'Approfondimento grammaticale a pag. 159 del Libro dello studente.

Il sabato sera vado spesso a teatro.
Tu *il sabato sera vai spesso a teatro* ?

1. Sabina dà l'indirizzo email a Robert.
   Sabina e Carla _____ .

2. Ogni sabato faccio sport.
   Mario _____ .

3. A colazione bevo il caffè.
   A colazione voi _____ ?

4. Domani gioco a calcio con gli amici.
   Domani noi _____ .

5. Silvia spegne sempre il telefono quando lavora.
   Noi _____ .

6. Alessia, vieni con noi a ballare?
   Ragazzi, _____ ?

7. Quando Luigi va al cinema, sceglie film italiani.
   Quando io _____ .

8. Lucia e Dario escono in Vespa.
   Ragazze, _____ ?

7 Scegli l'alternativa corretta.

1. • Ho due biglietti per il concerto di Malika Ayane. Vuoi venire?
   • Certo! Vengo volentieri/andiamo/no, grazie!

2. • Cosa fai stasera, Piero? Esci con noi?
   • Stasera, mi dispiace/non posso/sì, grazie, voglio studiare.

3. • Perché non andiamo a mangiare una pizza?
   • No, grazie!/Non posso venire./Perché no? Prima però devo telefonare a casa.

4. • Questo fine settimana Paola e Francesca vanno al mare. Perché non/D'accordo/Che ne dici di andare con loro?
   • Sì, buona idea!

5. • Domani noi andiamo a mangiare da zia Mariella, vieni con noi?
   • Ho già un impegno/Mi dispiace/Perché no, purtroppo domani ho un esame, davvero non posso!

6. • Ragazzi, sabato vogliamo andare alla Scala?
   • Magari la prossima volta/Perché no/D'accordo: venerdì partiamo per Perugia.

Malika Ayane

8 Trasforma le frasi dal singolare al plurale (*io* → *noi, tu* → *voi, lui / lei* → *loro*) e viceversa.

1. Io voglio visitare Firenze.

   Noi .... Firenze.

2. Volete uscire con noi stasera?

   .... con noi stasera?

3. Alba e Chiara non possono restare oggi.

   Sergio non .... oggi.

4. Giulia vuole suonare in un gruppo musicale.

   Tutti .... il pianoforte.

5. Ragazzi, dovete andare perché il treno parte.

   Luigi, ..., è tardi!

6. Se viene anche Bruno, possiamo fare una partita a carte!

   Se viene anche Bruno, io .... una partita a carte!

7. Devo portare Marco all'aeroporto e non posso andare al corso di tango!

   .... Marco all'aeroporto e non .... al corso di tango!

Ponte Vecchio, Firenze

9 Completa gli spazi blu con i verbi *dovere, potere, volere* e gli spazi rossi con le espressioni date.

che ne dici di ◆ *d'accordo* ◆ *ottima idea* ◆ *perché no* ◆ *purtroppo*

LEONARDO
DA VINCI
1452
1519

- Ciao, Laura, ... (1) andare alla mostra su Leonardo da Vinci sabato?

- .... (2) sabato non .... (3), ... (4) vedere Piero.

- È una mostra molto interessante... Perché non chiedi a Piero se .... (5) venire anche lui? Se preferite, ... (6) andare domenica: io sono libera tutto il fine settimana...

- .... (7)? È un' .... (8)! Allora, a domenica.

- .... (9), ci vediamo domenica! Ciao.

10 Scrivi i numeri in lettere, come nell'esempio.

312   *trecentododici*   e. *467* ....

a. *259* ....   f. *8°* ....

b. *1.492* ....   g. *871* ....

c. *673* ....   h. *10°* ....

d. *1.988* ....   i. *14°* ....

11 a Completa il messaggio con le espressioni date a destra, come nell'esempio in blu.

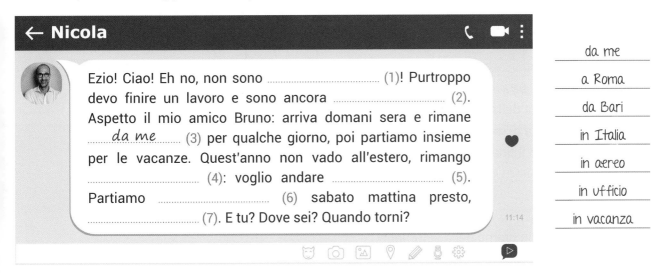

← **Nicola**

Ezio! Ciao! Eh no, non sono .... (1)! Purtroppo devo finire un lavoro e sono ancora .... (2). Aspetto il mio amico Bruno: arriva domani sera e rimane _____da me_____ (3) per qualche giorno, poi partiamo insieme per le vacanze. Quest'anno non vado all'estero, rimango .... (4): voglio andare .... (5). Partiamo .... (6) sabato mattina presto, ... (7). E tu? Dove sei? Quando torni?

11:14

_da me_
a Roma
da Bari
in Italia
in aereo
in ufficio
in vacanza

b Completa con le preposizioni.

Carla abita .... (1) Roma, ... (2) un piccolo appartamento: cucina, bagno e camera da letto. È contenta perché è .... (3) centro, vicino all'università, ed è molto fortunata perché paga poco d'affitto. Carla lavora part-time .... (4) un ufficio, quattro ore ogni mattina. La sera, anche quando è molto stanca, ha sempre voglia di uscire, di andare .... (5) bar o .... (6) Michela, la sua vicina di casa. Spesso lei, Michela, Cinzia e Gabriella vanno .... (7) teatro o .... (8) cinema.

12 Completa con le parole date: i verbi negli spazi **blu** e le preposizioni negli spazi rossi.

vuole ♦ fa ♦ va
mangia ♦ rimane

_a ♦ a_
_al ♦ al_
_da ♦ in ♦ in_

Piero è uno studente, abita .... (1) Napoli dove studia Lettere. Tutti i giorni, dopo la lezione, va .... (2) biblioteca e .... (3) lì tutta la mattina. Alle 12 .... (4) un panino .... (5) bar dell'università e poi torna a studiare perché .... (6) finire presto l'università per andare .... (7) fare un Master negli Stati Uniti. Piero ama molto il cinema: la sera .... (8) spesso .... (9) Antonio, un suo amico, a vedere un film. Il fine settimana, qualche volta, ... (10) una gita .... (11) mare o .... (12) montagna.

13 Completa le domande con le espressioni date.

Giochi

d'affitto ♦ al sesto piano ♦ in aereo ♦ in centro ♦ in vacanza ♦ in ufficio

1. • Dove andate .... quest'anno?
   • Quest'anno andiamo in montagna.

2. • Dove abiti? Abiti .... ?
   • No, abito in periferia.

3. • Appartamento .... senza ascensore?! Comodo!
   • Beh... Non devi andare in palestra!

4. • Quanto paghi .... ?
   • Pago 500 euro.

5. • Vai .... a piedi?
   • No, prendo l'autobus, per non fare tardi.

6. • Parti .... per Venezia?
   • No, preferisco prendere il treno.

14 Risolvi il cruciverba.

Orizzontali

2. Il giorno dopo il mercoledì.
5. Ha sette giorni.
7. Il contrario di *sera*.
8. Il giorno prima della domenica.
9. Il giorno prima di mercoledì.
10. Il giorno dopo il fine settimana.

Verticali

1. Il settimo giorno della settimana.
3. Il quinto giorno della settimana.
4. Il giorno dopo oggi.
6. Il giorno dopo il martedì.

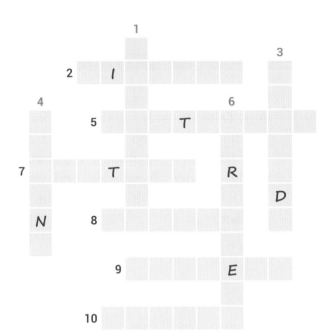

15 Che ore sono? Completa le frasi come negli esempi.

Sono le quattro *e* quarantotto.
Sono le *cinque* meno dodici.

Sono le dodici e ....
È .... e venticinque.

Sono le .... e quaranta.
Sono le sei .... venti.

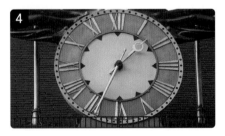

.... l'una e trentacinque.
Sono le .... e trentacinque.

Sono .... otto e venti.
Sono le .... e venti.

Sono le sette e ....
Sono le otto meno un ....

16 Scegli l'alternativa corretta. Prima vedi pagina 40 del Libro dello studente.

Per visitare Milano puoi usare i mezzi/la metropolitana (1) pubblici. Ci sono più di 100 linee di autobus e tram e quattro di metropolitana/stazioni (2). Puoi comprare i biglietti/l'affitto (3) al bar, in discoteca /tabaccheria (4), all'edicola, o nelle stazioni/corse (5) della metropolitana alle gite/macchinette (6) automatiche.

A Completa con il presente indicativo dei verbi.

Alessandro lavora in centro. Ogni giorno .... (1. andare) al lavoro a piedi, qualche volta .... (2. prendere) l'autobus. Di solito .... (3. uscire) di casa alle 8, ... (4. vedere) Davide, un suo collega, in Piazza Mazzini e .... (5. fare) colazione insieme prima di andare in ufficio. Oggi Alessandro e Davide, quando .... (6. finire) di lavorare, ... (7. volere) andare allo stadio, perché .... (8. giocare) la Juventus. Non .... (9. sapere) ancora se .... (10. andare) da soli o con Licia e Gabriella.

B Scegli l'alternativa corretta.

1. Enzo, ... (1) spesso a calcio? Un giorno .... (2) giocare con noi?
   (1)   a. giochiamo   (2)   a. vuoi
         b. gioco   b. deve
         c. giochi   c. sai

2. Se Giorgio non .... (1) con noi, ... (2) andare con una macchina.
   (1)   a. viene   (2)   a. possiamo
         b. vieni   b. vogliamo
         c. vengo   c. sappiamo

3. • Cara, stasera .... (1) al cinema?
   • .... (2) Che film vuoi vedere?
   (1)   a. vogliamo   (2)   a. Vuoi venire?
         b. andiamo   b. Volentieri!
         c. vediamo   c. D'accordo?

4. L'appartamento di Roberto è grande: ha tre .... (1), due bagni, la cucina, il soggiorno e un grande .... (2) dove suona il pianoforte.
   (1)   a. camere con letto   (2)   a. balcone
         b. camere di letto   b. studio
         c. camere da letto   c. ripostiglio

5. Il mio ufficio è al (4°) .... (1) piano, l'ufficio del direttore è al (18°) .... (2).
   (1)   a. terzo   (2)   a. diciottesimo
         b. quinto   b. diciassettesimo
         c. quarto   c. sedicesimo

6. Quando vado .... (1) mia madre in centro, preferisco andare .... (2) autobus.
   (1)   a. in   (2)   a. di
         b. da   b. in
         c. a   c. con

7. Sono le (11:15) ...... (1) ed è ...... (2), domani è venerdì.

(1)	a. undici quindici	(2)	a. lunedì
	b. undici e un quarto		b. martedì
	c. undici e quarto		c. giovedì

8. Sono le (8:35) ...... (1) e Giuseppe è pronto per andare ...... (2) ufficio.

(1)	a. otto e trentacinque	(2)	a. da
	b. nove meno trentacinque		b. in
	c. venticinque alle nove		c. al

C Risolvi il cruciverba.

Orizzontali

2. La stanza della casa dove prepariamo la cena.
6. Lo sport più famoso in Italia e non solo.
7. Una casa alta ha molti...
8. Dire di sì a un invito.
9. Cosa dico per salutare quando entro in un bar la mattina?

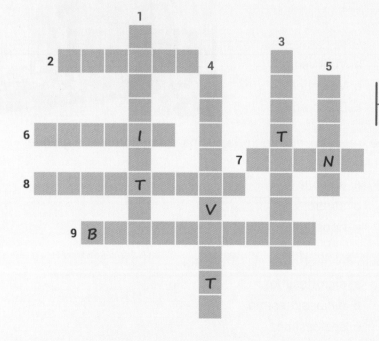

Verticali

1. Per entrare al cinema, a teatro, al museo o per prendere l'autobus o la metro devo avere il...
3. Ha sette giorni.
4. Il dialogo con un giornalista.
5. La stanza della casa dove facciamo la doccia.

Risposte giuste: .... / 35

Giochi

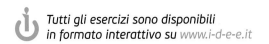

Tutti gli esercizi sono disponibili in formato interattivo su www.i-d-e-e.it

1° test di ricapitolazione

A Completa con l'articolo determinativo.

1. .... finestra	4. .... amico	7. .... autobus	10. .... albero
2. .... libri	5. .... città	8. .... lezione	11. .... giornale
3. .... bicchiere	6. .... pesci	9. .... occhi	12. .... pagina

........./12

B Trasforma al plurale.

1. la casa grande ....
2. la macchina nuova ....
3. il problema lungo ....
4. il libro francese ....

5. il mare azzurro ....
6. la valigia verde ....
7. la turista simpatica ....
8. il film interessante ....

........./8

C Completa con i verbi.

viviamo ♦ compro ♦ apre ♦ arriviamo ♦ vanno ♦ torna
arriva ♦ parliamo ♦ finisce ♦ leggono ♦ ha ♦ mangi

1. Stefania e Luca .... spesso a ballare.
2. Francesco .... una bella casa in centro.
3. Noi .... a Perugia da due anni e .... bene l'italiano.
4. L'edicola .... alle 6 e io .... il giornale prima di andare in ufficio.
5. Giorgio .... di lavorare alle 5 e .... a casa a piedi.
6. Mauro e Gianni tutte le mattine .... il giornale.
7. Carmen .... sempre tardi agli appuntamenti. Noi .... sempre in orario.
8. Perché tu .... così pochi spaghetti?

........./12

D Completa con l'articolo indeterminativo.

1. .... notte	4. .... espresso	7. .... gonna	10. .... gelato
2. .... problema	5. .... mano	8. .... studentessa	11. .... opera
3. .... zaino	6. .... unità	9. .... famiglia	12. .... appartamento

........./12

E Leggi il testo e scegli l'alternativa corretta.

Sono le otto: Carlo prende un caffè a casa e dopo va all'università. Alle nove ha lezione di storia e alle dodici lezione d'inglese. All'una e trenta va a mangiare con i compagni. Alle due e mezzo finiscono di mangiare, vanno al bar e prendono un caffè. Sono le quattro: inizia la lezione di storia dell'arte! Carlo saluta gli amici e torna all'università per la lezione. La lezione finisce alle sei e Carlo è libero: prende l'autobus e alle sette è a casa. Alle otto mangia con la famiglia, poi legge un libro. Alle undici e mezza va a letto.

1. Alle nove Carlo
   a. è all'università
   b. è ancora a casa sua
   c. prende un caffè al bar

2. A mezzogiorno Carlo
   a. ha lezione di storia
   b. va a mangiare
   c. ha lezione d'inglese

3. All'una e mezzo Carlo
   a. mangia con i suoi amici
   b. finisce di mangiare
   c. beve un caffè

4. Alle sei Carlo
   a. è libero
   b. ha ancora una lezione
   c. torna all'università

5. Alle sette Carlo
   a. torna a casa
   b. saluta gli amici
   c. va al bar

6. Alle otto Carlo
   a. va a letto
   b. mangia con la famiglia
   c. esce con gli amici

.... /6

F Completa con il presente indicativo dei verbi tra parentesi.

1. Noi non .... (sapere) se Luisa .... (arrivare) domani.

2. Io non .... (potere) restare, ... (dovere) tornare a casa.

3. Io non .... (sapere) usare bene il computer.

4. Noi .... (dovere) partire domani mattina presto.

5. Lui la mattina non .... (bere) il caffè.

6. Dino .... (andare) al mare questo fine settimana.

7. Io .... (spedire) una mail a un amico.

8. Signora, ... (volere) venire a Napoli con noi sabato?

.... /10

Risposte giuste: .... /60

Tutti gli esercizi sono disponibili
in formato interattivo su *www.i-d-e-e.it*

1 a Abbina le parole alle immagini.

 b ☐

 b ☐

 c ☐

 d ☐

 e ☐

 f ☐

1. *La lettera*	4. *I libri*
2. *Il computer*	5. *I fiori*
3. *Il gatto*	6. *Le chiavi*

b Dove sono? Guarda le immagini e scrivi le risposte, come nell'esempio in blu.

1. La lettera *è nella busta* .

2. Il computer ....

3. Il gatto ....

4. I libri ....

5. I fiori ....

6. Le chiavi ....

2 a Completa con le preposizioni date.

con il ◆ a ◆ ai ◆ per ◆ in

Bar Vaticano

Finalmente siamo .... (1) Roma! Dopo un lungo giro .... (2) città, arriviamo in un bar vicino .... (3) Musei Vaticani. Il bar è piccolo, perfetto .... (4) un pranzo veloce! Infatti, mangiamo due buonissimi panini .... (5) prosciutto e beviamo un buon caffè. Ottimo!

★★★★

b Completa con le preposizioni date, come nell'esempio.

del ◆ nel ◆ sui ◆ alle
dall' ◆ della ◆ dalla ◆ nelle

La via *del* (1) caffè

Cercate un'ora di relax poco lontano da Piazza .... (2) Repubblica? Potete provare questo locale! Ci sono più di 20 tipi di caffè: vengono .... (3) Colombia, ... (4) Ecuador, dal Brasile... da tutto il mondo! .... (5) bar non ci sono solo caffè, ma anche libri! .... (6) librerie, ... (7) tavoli, vicino .... (8) finestre, trovate libri sul caffè in tutte le lingue! Un posto davvero speciale!

★★★★

3 Completa le frasi con le preposizioni articolate *da* o *di*.

Amalfi

1. .... balcone di casa vedo il mare!
2. Passiamo la sera .... signori Baraldi.
3. Pierre ha un nome francese, ma viene .... Olanda.
4. Lui è il fratello .... mia ragazza.
5. Dov'è la casa .... fratelli di Antonia?
6. Domani pomeriggio devo andare .... dottore.
7. Questo è il libro .... studente e questo il quaderno .... esercizi.
8. Puoi telefonare a Piero stasera: è a casa .... otto alle dieci.

4 Completa con le preposizioni semplici e articolate.

1. La posta è vicino .... fermata .... autobus.
2. Quanti giorni restate .... città?
3. Domenica parto .... Francia.
4. Vado a casa una volta .... mese.

5. Siamo tutti .... bar .... guardare la partita alla tv.
6. Le chiavi di casa sono .... mia borsa.
7. Giorgia arriva .... aeroporto .... 20.
8. Casa mia è vicino .... università.

5 Osserva le immagini e forma cinque frasi come nell'esempio. Vedi anche l'Approfondimento grammaticale a pag. 161 del Libro dello studente.

| regalo ◆ Roberto
io ◆ Milano
borsa ◆ treno | a ◆ con gli
nell' ◆ della
tra ◆ per ◆ sul | Marcella
professoressa
Italia del Nord
amici ◆ casa
venti minuti |

Io sono a casa. ....

1. .... (essere)
2. .... (essere)
3. .... (partire)
4. .... (essere)
5. .... (essere)

6 Completa le frasi con le preposizioni semplici e articolate, come nell'esempio.

1. Aspetto Maria _in_ ufficio. → Aspetto Maria _nell'_ ufficio del direttore.
2. Vado .... Argentina. → Vado .... Argentina del Sud.
3. Giulia lavora .... banca. → Marco lavora .... Banca del Lavoro.
4. Telefono .... Rita. → Telefono .... mia collega.
5. Parliamo .... sport. → Parliamo .... sport più famoso in Italia.
6. Vado a Milano .... treno. → Vado a Milano .... treno delle 6.
7. Questa sera andiamo .... teatro. → Questa sera andiamo .... teatro Ariston.
8. Sono .... biblioteca. → Sono .... biblioteca dell'università.

7 Scegli l'alternativa corretta.

1. Vado in vacanza in/per Colombia.
2. Ogni anno vado al mare per l'/nell'Italia del Sud.
3. Venite anche voi in/a casa di Domenico?
4. Questo fine settimana parto per/a Torino.
5. Marco domani torna ai/dagli Stati Uniti.
6. I miei amici lavorano a/in banca.
7. Stasera andiamo tutti a/da Giulio? È il suo compleanno!
8. La lezione di italiano è dalle/nelle 10 alle 12.

8 Completa il testo: scrivi le parole date negli spazi rossi e le preposizioni semplici o articolate negli spazi verdi.

cellulari ◆ tempo ◆ telefonata ◆ email ◆ lontani ◆ videochiamata

Avete amici .... (1)? Per fortuna ci sono .... (2) e social network! Rimanere .... (3) contatto, raccontare la propria giornata, chiedere un parere... è tutto possibile .... (4) i messaggi, le chat e le .... (5).

Ma è davvero la stessa cosa? Perché qualche volta non proviamo il "vecchio" metodo? No, non parliamo .... (6) lettere o dei pacchi postali, ma .... (7) una semplice .... (8)!

Quando è importante telefonare? Beh, prima di tutto quando è passato molto .... (9) dall'ultima volta: non possiamo scrivere un semplice "Ciao, come va?" .... (10) una persona che non sentiamo .... (11) mesi! Poi, dobbiamo telefonare quando l'amico non sta bene: in questi momenti una telefonata può cambiare tutto. E se non potete usare la vecchia tecnologia... Beh, potete fare una .... (12)!

adattato da *www.elle.it*

9 Trasforma le frasi con il partitivo, come nell'esempio.

Compro un regalo a Gianni. → *Compriamo dei regali a Gianni.*

1. Ho un amico australiano. → Noi ....

2. Spedisco un'email. → Le dottoresse ....

3. Esce spesso con una ragazza italiana. → Noi ....

4. Viene a cena una persona importante. → Vengono ....

5. Luca è un bravo ragazzo. → Luca e Paolo sono ....

10 Guarda le immagini e rispondi alle domande.

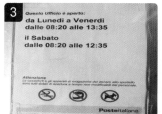

1. A che ora chiude il negozio di borse Loly la mattina?

   ....

2. A che ora chiude il Parco Ciani a febbraio?

   ....

3. Il sabato, qual è l'orario di apertura dell'ufficio postale?

   ....

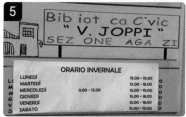

4. A che ora chiude la banca il pomeriggio?

   ....

5. A che ora apre la biblioteca il mercoledì?

   ....

6

°CASA DI
²ARLECCHINO
♀ Oneta - San Giovanni Bianco (BG)

ORARI DI APERTURA
SAB - DOM   10:00 - 12:00 | 14:30 - 17:30

BIGLIETTO DI INGRESSO € 1,50
INGRESSO CON VISITA GUIDATA € 3,50

* È possibile prenotare visite guidate di gruppo anche
durante i giorni di chiusura

OTER - Orobie tourism
experience of real

6. Qual è l'orario di apertura del museo nel pomeriggio?

   ....

11 Completa le frasi con l'ora, come nell'esempio. Attenzione alla preposizione!

1. Sono alla stazione. Sono le otto e trentanove e il treno parte fra 16 minuti.

   Il treno parte *alle nove meno cinque/alle otto e cinquantacinque* .

2. Sono le tre. Il treno arriva fra un'ora e mezzo.

   Il treno arriva ....

3. Sono le cinque. Aspetto Maria da un'ora.

   Aspetto Maria ....

4. Mariella guarda l'orologio. È l'una: fra 45 minuti finisce di lavorare.

   Mariella finisce di lavorare ....

5. Sono le dieci. Devo vedere il professore fra 90 minuti.

Devo vedere il professore ....

6. Sono le sei. Carlo ha appuntamento con Anna fra un'ora.

Carlo ha appuntamento con Anna ....

7. Sono le otto. Ho una lezione all'università fra un'ora e 15 minuti.

Ho una lezione all'università ....

12 Completa con le parole e le espressioni date.

magari ♦ *non so* ♦ *non sono sicuro* ♦ *penso* ♦ *probabilmente*

● Allora, Francesco, vieni con noi al cinema o no?

● Mah... .... (1) cosa fare: sono un po' stanco e devo studiare... che film andate a vedere? Com'è? È bello?

● .... (2) di sì: Piero dice che è molto interessante. Allora? Vieni?

● Mmh... A che ora inizia il film?

● .... (3), alle sette... beh, non più tardi delle otto.

● Sì, ma dopo il film... di solito voi uscite a cena e fate tardi!

● .... (4) sì, ma se vuoi, tu puoi prendere la mia macchina e tornare a casa.

● No, dai, ... (5) un'altra volta: ho l'esame tra una settimana e devo studiare!

Giochi

13 Metti in ordine le parole per formare le frasi. Comincia con la parola blu.

1. il | sotto | è | gatto | il | letto di | Luca

....

2. è | la | dell' | autobus | del | fermata | a | destra | supermercato

....

3. di Marcello | casa | è | la | all' | accanto | ufficio postale

....

4. abbiamo | ed io | Marisa | dentro | appuntamento | la | stazione

....

5. panificio | è | ufficio | Mirca | di | davanti | il | all'

....

6. computer di | sopra | c'è | la | scrivania | il | Dario

....

14 Guarda l'immagine e completa la descrizione con le preposizioni e le espressioni date.

sopra ✦ *sul* ✦ *sui* ✦ *sotto* ✦ *tra* ✦ *davanti* ✦ *vicino* ✦ *a destra*

Il soggiorno di Grazia è molto luminoso perché ha una finestra molto grande e il divano e le poltrone sono bianchi. Il divano è
.... (1) alla finestra e ci sono due tavolini
.... (2) le poltrone e il divano.
.... (3) alle poltrone c'è una lampada nera moderna. ....
(4) i tavolini c'è un grande tappeto.
.... (5) divano ci sono dei cuscini e .... (6) tavolini ci sono dei libri. C'è anche un camino.
.... (7) il camino c'è una grande fotografia; .... (8) della fotografia ci sono una lampada e uno specchio.

15 Completa con *c'è* o *ci sono*.

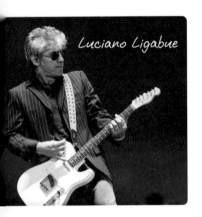

1. Se .... ancora biglietti per il concerto di Ligabue, vengo anch'io!
2. Oggi .... molto traffico in centro.
3. Nella mia classe .... molti studenti stranieri.
4. Questa città mi piace: .... la metro e .... molti autobus!
5. In Sicilia .... delle isole molto belle.
6. Vieni da noi stasera a guardare la TV? .... un film molto bello su Rai 2.
7. Se vuoi partire stasera per Trieste, ... un treno alle nove.
8. In ufficio .... una ragazza molto simpatica, si chiama Veronica.

16 Completa le frasi con i possessivi.

1. Maria, la .... casa è molto grande. Quanto paghi d'affitto?
2. Marco e il .... professore partono per Milano.
3. ● Sai dov'è il mio quaderno?
   ● Sì, il .... quaderno è qui.
4. ● Di chi è questa borsa?
   ● È di Michela, è la .... borsa.
5. Cerco la penna. Dov'è la .... penna?
6. Ho un piccolo gatto. Il .... gatto si chiama Gigi.

17 Completa i dialoghi: ringrazia o rispondi a un ringraziamento.

In centro
- Scusi, sa dov'è via del Fossato?
- Sì, è la terza strada a destra.
- ....
- Di niente!

In biblioteca
- Ecco, questo è il libro per l'esame.
- ....
- Figurati!

Al parco
- Mamma, possiamo avere la pizza?
- Certo!
- ....
- ....

18 Rispondi alle domande, come nell'esempio in blu.

In quale stagione è il mese di gennaio?
........*In inverno*........

1. In quale stagione è il mese di aprile?
....

2. In quale stagione andiamo al mare?
....

3. In quale stagione ci sono molti fiori?
....

4. In quale stagione è il mese di ottobre?
....

5. In quale stagione è il tuo compleanno?
....

19 Completa i messaggi della chat con le preposizioni semplici o articolate.

Matteo

Matteo, ... (1) un mese vengo a Milano! Sei in città?

Davvero? Vieni .... (2) lavoro?

Sì, c'è un seminario .... (3) storia dell'Europa. Parto .... (4) Lia, una mia collega, e .... (5) nostro professore. Le lezioni sono .... (6) mercoledì al venerdì, ma .... (7) fine settimana sono libero.

Interessante! Quando arrivi? E le lezioni sono in centro?

L'ultima settimana .... (8) novembre. Non so ancora se le lezioni sono .... (9) biblioteca .... (10) Università Statale o se sono .... (11) una scuola .... (12) centro.

Noooo! A fine novembre vado .... (13) Monica in Sardegna! Mi dispiace!

20 Scrivi i numeri in lettere.

1. A Venezia ci sono .... (435) ponti.

2. Milano ha .... (1.350.000) abitanti.

3. Il Monte Bianco è alto .... (4.810) metri.

4. Ogni giorno, più di .... (21.000) persone visitano il Colosseo.

5. In tutto il mondo spediamo circa .... (156.000.000) di email al minuto.

6. Ogni giorno nel mondo facciamo circa .... (340.000.000) di minuti di videochiamate.

21 Ascolta il dialogo e completa l'elenco con i monumenti e le città mancanti.

Monumento	Città
1. La Fontana di Trevi	
2.	Pisa
3. La Galleria degli Uffizi	
4. Il Maschio Angioino	
5. Trinità dei Monti	
6.	Firenze
7. Il Castello Sforzesco	
8.	Roma
9. Il Campanile di Giotto	
10. San Marco	

A Inserisci la preposizione (semplice o articolata) corretta.

Gabriella lavora .... (1) un negozio di borse .... (2) centro a Milano. Per essere .... (3) lavoro .... (4) nove deve uscire di casa .... (5) sette e mezzo. .... (6) la macchina va fino .... (7) stazione .... (8) metropolitana più vicina .... (9) casa e prende la linea 2. Di solito scende .... (10) Piazza Duomo e sale .... (11) tram 19. Qualche volta non prende il tram e va al negozio .... (12) piedi.

B Scegli l'alternativa corretta.

1. Signora Viuzzi, ... (1) cosa parla ...... (2) suo ultimo libro?

   (1) a. per   (2) a. dal
        b. con   b. nel
        c. di   c. per il

2. Studio cinese ...... (1) cinque anni e finalmente tra un mese parto ...... (2) Cina!

   (1) a. con   (2) a. per la
        b. per   b. in
        c. da   c. dalla

3. Questa lettera è ...... (1) professore di francese. Puoi spedire la lettera ...... (2) ufficio postale?

   (1) a. al   (2) a. dall'
        b. per il   b. dello
        c. dal   c. dell'

4. • Scusi, signora, c'è una farmacia qui vicino?
   • Qui a destra, ... (1) alla banca.
   • ...... (2)
   • Di niente.

   (1) a. accanto   (2) a. Ti ringrazio!
        b. dentro   b. Figurati!
        c. intorno   c. Grazie mille!

5. Vado ...... (1) supermercato a comprare ...... (2) latte. Vieni con me?

   (1) a. per il   (2) a. dei
        b. al   b. dello
        c. dal   c. del

6. L'Italia ha (60.000.000) ...... (1) di abitanti, di questi circa (5.000.000) ...... (2) sono stranieri.

   (1) a. settanta milioni   (2) a. cinquecentomila
        b. seicento milioni   b. cinque milioni
        c. sessanta milioni   c. cinquemila

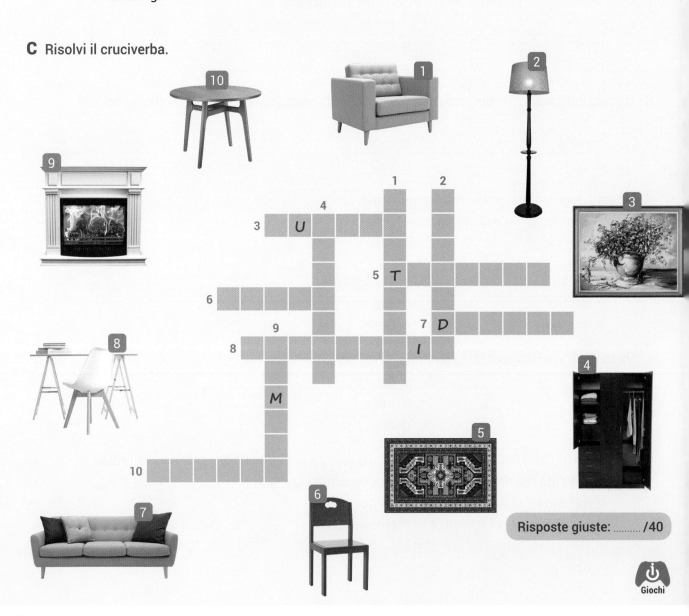

7. Nella mia città ...... (1) un teatro e ...... (2) due grandi cinema.

   (1) a. c'è   (2) a. ci sono

         b. è   b. stanno

         c. ci sono   c. sono

8. Nella mia camera ...... (1) letto c'è l'armadio e ...... (2) finestra c'è la scrivania.

   (1) a. tra il   (2) a. vicino alla

         b. intorno   b. a sinistra

         c. a destra del   c. dentro la

9. • Dov'è il mio libro?

   • Probabilmente è ...... (1) libri che sono ...... (2) tua scrivania!

   (1) a. davanti agli   (2) a. accanto

         b. tra i   b. sulla

         c. dentro gli   c. tra

C Risolvi il cruciverba.

Risposte giuste: .... /40

Giochi

Buon fine settimana!

Unità 4

Quaderno degli esercizi

1 Completa con il participio passato dei verbi.

1. In questi giorni ho .... (visitare) tutti i musei della città.
2. Anna ha .... (spedire) un'email ieri mattina.
3. I ragazzi hanno .... (sentire) la notizia alla radio.
4. Domenica abbiamo .... (dormire) tutto il giorno!
5. Avete .... (sapere) che l'esame è la settimana prossima?
6. Chi ha .... (mangiare) il dolce?
7. Ho .... (avere) un'idea: andiamo al mare questo fine settimana?
8. Ho .... (ballare) con Vincenzo tutta la sera!

2 Completa con il passato prossimo dei verbi dati.

capire ♦ comprare ♦ finire ♦ sentire ♦ portare ♦ viaggiare ♦ vendere ♦ volere

1. Luisa, da quanti anni .... l'università?
2. Ragazzi, ...? Maria parte per l'Erasmus!
3. Io non .... perché non vuoi venire a teatro.
4. Mamma, ... il latte ieri?
5. Fabrizio e Nicola .... molto.
6. Per il suo compleanno, Mario non .... regali.
7. .... la macchina e adesso usiamo i mezzi pubblici.
8. Alla festa di Emilio, Luisa e io .... una torta molto buona.

3 Completa con il participio passato dei verbi e fai l'abbinamento per completare le frasi.

1. L'estate scorsa Eva e Lisa sono .... (partire)
2. Piero è .... (uscire) alle
3. L'altro ieri Paola è .... (andare) in
4. Aldo e Luca sono .... (tornare) tre giorni fa
5. Siamo .... (stare) tutta la sera
6. Vincenzo è .... (entrare) in classe
7. Laura, sei .... (salire) sul
8. Le ragazze sono .... (arrivare) con

a. tram senza biglietto?
b. con 15 minuti di ritardo.
c. sei di mattina.
d. piscina.
e. da Parigi.
f. per il Marocco.
g. a casa a leggere.
h. il treno delle otto.

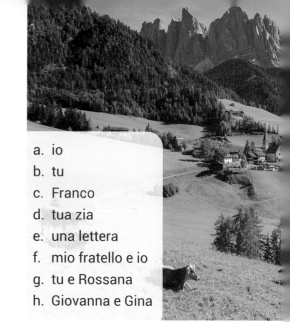

4 Chi è stato? Fai l'abbinamento, come nell'esempio.

1. Sabato scorso siamo andati in montagna. (f)
2. Sono restato tutto il giorno a casa.
3. È arrivata con la posta di ieri.
4. È andato ad aprire la porta.
5. Siete usciti con Piero ieri sera?
6. Sei stato al mare domenica?
7. È tornata subito a casa per prendere il cellulare.
8. Sono partite molto tardi.

a. io
b. tu
c. Franco
d. tua zia
e. una lettera
f. mio fratello e io
g. tu e Rossana
h. Giovanna e Gina

5 Completa le frasi, come nell'esempio in blu.

partire la settimana scorsa ◆ uscire a fare spese ◆ andare al cinema ◆ arrivare da poco in Italia
studiare molto per l'esame di domani ◆ mangiare un panino ◆ dormire molto ◆ trovare traffico

Simone è tranquillo perché *ha studiato molto per l'esame di domani.*

1. I ragazzi tornano a casa più tardi perché ....
2. Siete stanchi perché non ....
3. Sono andato al bar per pranzo e ....
4. Mustafà non conosce bene la lingua italiana perché ....
5. I signori Dardano sono in vacanza: ....
6. Bruna ha la gonna e gli stivali nuovi: ieri ....
7. Siamo in ritardo perché ....

6 Completa le frasi con un verbo al passato prossimo, come nell'esempio.

1. Dopo la lezione di pianoforte torno sempre a casa con Massimiliano, ma ieri *sono tornato* a casa in tram.
2. L'autobus passa tutte le mattine alle sette. Ieri mattina, però, ... con quaranta minuti di ritardo.
3. Marta e Giorgio, ogni sabato sera, vanno in discoteca e ballano fino alle 5. Anche sabato scorso, Marta e Giorgio .... in discoteca e .... fino alle 5.
4. Giulia resta a casa tutto il giorno. Anche ieri Giulia .... a casa tutto il giorno.
5. Oggi comincia il corso di lingua tedesca. Due giorni fa .... il corso di lingua giapponese.
6. Michele finisce di lavorare alle 16, io finisco alle 15.45. Di solito aspetto Michele al bar sotto l'ufficio, ma ieri non .... Michele perché lui .... di lavorare dopo le 17.

7 Scegli l'alternativa corretta.

Questo fine settimana io e Veronica abbiamo fatto una breve vacanza. Sabato siamo partiti per Bologna con il treno delle 17 e siamo arrivati dopo/poi/prima (1) circa 3 ore. Prima di/ Così/Subito (2) andare a mangiare, abbiamo lasciato le valigie in albergo. Più tardi/Alla fine/Dopo (3) cena abbiamo camminato per il centro, abbiamo visto Piazza Maggiore, la Fontana del Nettuno e le Due Torri. Stamattina/Prima/Poi (4) verso l'una siamo andati a dormire. Domenica mattina, per prima cosa/più tardi/prima di (5) abbiamo fatto colazione in albergo e dopo/prima/così (6) siamo andati a visitare il Museo Ducati. Dopo/Poi/Alla fine (7) il museo, abbiamo visitato il Duomo di Bologna, la Chiesa di San Petronio e, verso le 14, abbiamo mangiato in un ottimo ristorante; la sera abbiamo visto uno spettacolo al Teatro Duse... siamo stati così bene che alla fine/dopo/prima (8) non siamo partiti domenica sera, ma lunedì mattina!

8 a Riscrivi le frasi: sostituisci le parti in verde con *ci*, come nell'esempio.

Vado in Italia ogni anno in estate.
Ci vado ogni anno in estate.

1. Vado in palestra tutti i giorni.
   ....

2. Vivo a Roma da tre anni.
   ....

3. Mangio al ristorante "Da Pino" la domenica con i miei amici.
   ....

4. Sono andata tutte le domeniche allo stadio.
   ....

5. Vado al concerto di Jovanotti con Maria.
   ....

6. Ho messo nello zaino i panini e il caffè.
   ....

b Completa le risposte con *ci* e il verbo alla forma corretta.

1. ● Siete rimasti molto a Venezia?
   ● No, ... solo pochi giorni.

2. ● Sei già andato alla mostra di Depero?
   ● Sì, ... sabato.

3. ● Chi abita nell'appartamento al terzo piano?
   ● .... dei ragazzi spagnoli.

4. ● Cosa hai messo nella borsa?
   ● .... solo alcuni libri.

5. ● Perché vivi in centro?
   ● .... perché così non devo usare la macchina.

6. ● Passate molto tempo in piscina?
   ● No, ... solo 2 ore.

7. ● Quando sei andata in Svizzera?
   ● .... a febbraio.

9 Trasforma al passato prossimo.

1. I signori Motta vincono un viaggio a Venezia!
   ....

2. Marco legge il giornale in salotto.
   ....

3. Prima di uscire chiudo le finestre.
   ....

4. Mario viene a Torino in giugno.
   ....

5. Spendiamo molti soldi in libri.
   ....

6. Suono il pianoforte all'aeroporto di Roma.
   ....

7. Serena vede tutti i film di Fellini!
   ....

8. Scrivo una mail a Lia e spengo il computer.
   ....

10 Completa l'articolo con il passato prossimo dei verbi.

| ☰ SEZIONI ▼ | EDIZIONI LOCALI ▼ | CORRIERE TV | ARCHIVIO | TROVOCASA | TROVOLAVORO | SERVIZI ▼ | CERCA 🔍 | 👤 LOGIN | ABBONATI | C+ PER TE |

CORRIERE DELLA SERA
Meteo: Milano | 7°

Turista sale sulla Fontana di Trevi

ROMA – Un turista, un signore italiano di 40 anni, ... (1. scegliere) la Fontana di Trevi per passare il suo tempo libero.

L'uomo .... (2. salire) sulla fontana, ... (3. fare) delle telefonate con il cellulare, ... (4. mangiare) un panino e .... (5. cominciare) a leggere un libro...

Un quarto d'ora dopo, verso le 2, ... (6. arrivare) i carabinieri, poi anche i vigili del fuoco, che .... (7. chiedere) all'uomo di scendere, ma lui .... (8. rimanere) sulla fontana ancora due ore e quando, finalmente, ... (9. scendere), ha detto: «Nessun problema, sono professore di storia dell'arte...».

adattato da *www.corriere.it*

11 Metti in ordine le parole per formare le frasi. Comincia con la parola blu.

1. la | ho | Torino | settimana | visitato | scorsa

   ....

2. mia famiglia | fa | cambiato | io e la | casa | 15 anni | abbiamo

   ....

3. di Genovesi | uscito | nel | scorso | film | novembre | l'ultimo | è

   ....?

4. le | aprono a | giugno | scuole | a | chiudono | settembre e

   ....

5. è | gennaio | nel | nato | 1985 | del | Elio | lo zio

   ....

6. dicembre | perché | cinema Astra | chiudono il | in

   ....?

7. il caffè "Al Bicerin" | nato | tempo | fa | è | molto | di Torino

   ....

8. di giardinaggio | prossimo | mese | il | faccio | lezioni | delle

   ....

12 Scegli l'alternativa corretta.

1. Per me la matematica è appena/sempre/mai stata difficile.

2. Non ho sempre/poi/mai visto un film così bello!

3. Il mese non è ancora/già/anche finito e noi abbiamo ancora/già/dopo speso tutti i soldi!

4. È partito e da quel momento non ha più/già/fa scritto o telefonato.

5. Ho ancora/dopo/appena finito di parlare con il direttore del tuo problema.

6. Qualche giorno fa/appena/più sono passata da Marinella per un caffè.

13 Fai l'abbinamento, come nell'esempio in blu.

Giochi

1. listino
2. caffè
3. cappuccino
4. tiramisù
5. spremuta d'arancia
6. bibita in lattina
7. cornetto
8. panino

14 Completa il dialogo: metti i verbi negli spazi rossi e i sostantivi negli spazi blu.

*panino ◆ prendi ◆ caffè ◆ vorrei ◆ fame ◆ lattina
c'è ◆ gelato ◆ prendo ◆ spremuta d'arancia*

cameriera: Buongiorno, cosa prendete?

Luisa: Mario, tu cosa .... (1)?

Mario: Non so, non ho ancora deciso...
.... (2) il listino? Dov'è?

Barbara: Ecco, è qui!

Mario: Grazie! Allora... io .... (3)
mangiare qualcosa: un
.... (4) con mozzarella e
pomodoro e da bere un'aranciata.

Luisa: E tu, Piero?

Piero: Io prendo solo una .... (5), ho una sete...

Luisa: Va bene... E tu Barbara, hai .... (6)?

Barbara: No, grazie! .... (7) solo un .... (8).

Mario: Ehm, scusi. Per me l'aranciata non in .... (9), ma in bottiglia.

Luisa: E per me... un .... (10) al cioccolato.

cameriera: D'accordo, grazie!

15 a Due coppie (Alberto e Valeria - dialogo 1; Giulio e Alessia - dialogo 2) sono al bar. Ascolta i due dialoghi e indica cosa hanno ordinato.

28

	Alberto	Valeria	Giulio	Alessia		Alberto	Valeria	Giulio	Alessia
caffè					succo di frutta				
cappuccino					spremuta d'arancia				
caffè macchiato					bibita in lattina				
cioccolata					bottiglia d'acqua naturale				
					birra alla spina				
toast									
panino con pomodoro e mozzarella					cornetto				
					pezzo di torta				
tramezzino con prosciutto e mozzarella					gelato				

La bottega del Caffè

b Ascolta di nuovo e indica se le affermazioni sono vere o false.

	V	F
1. Valeria non mangia spesso cioccolato.		
2. Alberto ha molta fame.		
3. Giulio ha già bevuto un caffè.		
4. Alessia preferisce il caffè lungo.		

16 Fai l'abbinamento.

1. Le ragazze non sono
2. Sono stato male e non sono potuto
3. Abbiamo dovuto
4. Perché non sei
5. Stefano è
6. Professore, perché ha dovuto
7. Siamo dovuti
8. Lucia, perché ieri non hai

a. spedire i test di italiano a Perugia?
b. voluto mangiare il panino al prosciutto?
c. dovuto partire da solo.
d. andare alla lezione di inglese.
e. chiedere informazioni per trovare casa tua.
f. volute rimanere dopo cena.
g. tornare presto perché domani andiamo a scuola.
h. voluta venire con me a teatro?

17 Trasforma le frasi al passato prossimo.

1. Monica e Ida vogliono andare in biblioteca a piedi.
....

2. Antonia vuole comprare un divano nuovo.
....

3. Per il tuo amico non posso fare niente!
....

4. Vogliamo vedere tutto il film.
....

5. Per andare al lavoro deve prendere l'autobus.
....

6. Luisa deve rimanere a casa per studiare.
....

7. Giancarlo non può tornare per l'ora di cena.
....

8. Elisabetta deve passare da Mario.
....

18 Costruisci delle brevi storie con le seguenti informazioni.

1. Mio fratello | vivere molto tempo estero | abitare dieci anni Stati Uniti | otto anni Cina

....

....

2. Ieri | bar sotto casa | incontrare Nicola | prendere caffè insieme | andare in giro negozi | Nicola comprare dei libri | io non comprare niente

....

....

3. Questa mattina | sciopero mezzi trasporto | ma noi non restare a casa | telefonare Piero | andare in ufficio sua macchina

....

....

19 Completa con le preposizioni.

Abito .... (1) Bologna .... (2) più di 10 anni. Lavoro .... (3) centro, in un bar. Lavoro cinque giorni .... (4) settimana, dal martedì .... (5) sabato. Il sabato lavoro .... (6) 10 .... (7) 18; gli altri giorni, invece, inizio prima. Vado al lavoro .... (8) piedi perché non abito molto lontano .... (9) bar. Il sabato sera e la domenica spesso vado al cinema, ... (10) teatro o a cena fuori con gli amici.

20 Completa gli spazi blu con il passato prossimo, gli spazi verdi con il presente e gli spazi rossi con le parole e espressioni date.

> con
> alla fine
> fra
> vicino

Da lì parte una strada che .... (1. portare) a un piccolo ristorante, si chiama Ungheria, e dentro .... (2. esserci) una bella donna .... (3) il suo uomo: non .... (4. sapere, loro) bene l'italiano e .... (5) loro parlano ungherese. Una sera, un uomo di circa sessant'anni .... (6. entrare) nel ristorante, ... (7. andare) a un tavolo .... (8) alla finestra e .... (9. ordinare) da mangiare.
.... (10) della cena, l'uomo .... (11. prendere) un caffè corretto e senza salutare .... (12. uscire).

adattato da Il filo dell'orizzonte di A. Tabucchi

21 Scegli l'alternativa giusta.

Il Caffè Gustavo è un piccolo bar nel centro/ufficio/festival (1) della città. La mattina, molte persone ci vanno a fare cena/colazione/appuntamento (2). Con il caffè o il cornetto/cappuccino/violino (3) potete mangiare i dolci della mamma di Gustavo. A mezzogiorno è possibile mangiare un tramezzino/aperitivo/pizza (4) o un panino. La sera, quando c'è musica jazz, al Caffè Gustavo c'è sempre tanta mensa/concerto/gente (5), soprattutto ragazzi.

A Completa il racconto con la forma corretta di *essere* o *avere*.

Ieri mattina Massimo .... (1) voluto fare un giro per le strade del centro. .... (2) preso l'autobus 19A ed .... (3) sceso dopo dodici fermate, in Piazza Garibaldi. È qui che Massimo .... (4) incontrato Carla. Insieme .... (5) entrati al bar "Orlando". Massimo .... (6) preso un caffè e un pezzo di torta al cioccolato, Carla, invece, ... (7) bevuto una spremuta d'arancia e .... (8) mangiato un tramezzino al prosciutto cotto. Verso mezzogiorno, Carla .... (9) dovuta andare via e Massimo .... (10) potuto continuare il suo giro in centro.

B Scegli l'alternativa corretta.

1. Giacomo ...... (1) da Parigi dove ...... (2) un appartamento.
(1)	a. ha tornato	(2)	a. è comprato
	b. è tornata		b. ha comprato
	c. è tornato		c. ha comprata

2. L'ultimo autobus ...... (1) 10 minuti fa, per questo ...... (2) il taxi.
(1)	a. ha passato	(2)	a. siamo presi
	b. passa		b. abbiamo preso
	c. è passato		c. è preso

3. Alfonso ...... (1) subito Lucia quando ...... (2) del nuovo lavoro.
(1)	a. ha chiamato	(2)	a. ha saputo
	b. è chiamato		b. abbiamo saputo
	c. chiama		c. avete saputo

4. Ragazzi, perché ...... (1) salire sul treno non ...... (2) il biglietto?
(1)	a. prima di	(2)	a. convalidano
	b. prima		b. siete convalidati
	c. dopo		c. avete convalidato

5. Il fratello di Lorenzo è nato ...... (1) del 1998; la sorella, che è più piccola, è nata ...... (2).
(1)	a. nel 23 marzo	(2)	a. a giugno 1990
	b. 23 marzo		b. il giugno del 1990
	c. il 23 marzo		c. nel giugno del 2005

6. Maria, ... (1) alla festa che hanno fatto all'università ...... (2)?
(1)	a. sei andata	(2)	a. la settimana scorsa
	b. hai andato		b. settimana fa
	c. sei andato		c. settimana passata

7. • Francesco, hai ...... (1) ordinato?
   • No! Io vorrei bere un ...... (2) E tu, Paola?
   • Prendo un panino e una spremuta!

   (1)   a. sempre   (2)   a. cappuccino
         b. ancora   b. gelato
         c. già   c. tramezzino

8. I ragazzi non ...... (1) fare gli esercizi perché ...... (2) andare dal medico.

   (1)   a. sono dovuto   (2)   a. sono dovuti
         b. hanno potuto   b. hanno voluto
         c. hanno saputo   c. siete potuti

C Risolvi il cruciverba.

| Orizzontali

5. Musica, canzoni dal vivo.
6. Luogo dove mangiano gli studenti universitari.
7. Un espresso con un po' di latte.
8. Posto dove vedere opere d'arte.
9. Se abbiamo sete, prendiamo una ... :
   può essere in bottiglia o in lattina.

| Verticali

1. Una bottiglia d'acqua minerale ... .
2. Un panino al bar: ... e mozzarella.
3. Può essere bionda, chiara, scura;
   in bottiglia o alla spina.
4. Insieme alla mozzarella,
   è necessario per la pizza
   Margherita!

Risposte giuste: .... /35

Giochi

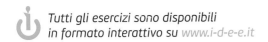

Tutti gli esercizi sono disponibili in formato interattivo su www.i-d-e-e.it

Tempo di vacanze

Quaderno degli esercizi

1 Oggi è domenica 20 novembre. Osserva l'agenda e completa le frasi con le espressioni date.

*Fra una settimana ◆ Venerdì
Dopodomani ◆ Sabato
Il 30 dicembre ◆ Domani
A Capodanno ◆ il mese prossimo*

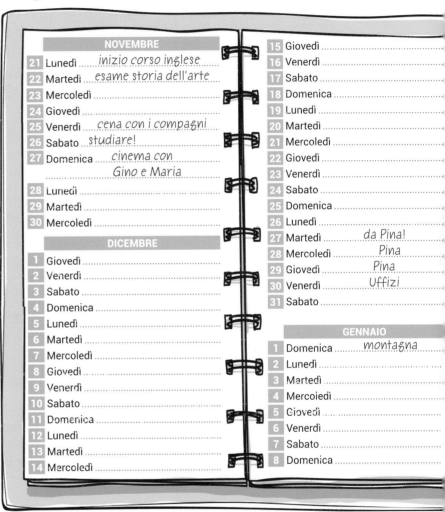

1. .... inizierò il corso di inglese.

2. .... darò l'esame di Storia dell'arte.

3. .... uscirò: vado a cena con i miei compagni.

4. .... resterò a casa a studiare.

5. .... andrò al cinema con Gino e Maria.

6. .... passerò qualche giorno da mia sorella Pina a Firenze.

7. .... visiterò gli Uffizi.

8. .... partirò per la montagna.

2 Fai l'abbinamento per completare le frasi.

1. Se finirai presto di lavorare
2. Maria passerà l'esame
3. A Capodanno festeggeremo
4. Al mare prenderò
5. A Milano io e Giulia visiteremo
6. Lucia andrà in campeggio e

a. la mostra di Burri a Palazzo Reale.
b. faremo una passeggiata in centro.
c. il sole tutto il giorno!
d. perché ha studiato molto.
e. dormirà in tenda? Davvero?!
f. con i parenti del mio ragazzo.

3 Scegli l'alternativa corretta.

1. Con questo traffico, se non esci subito, perderò/perderai/perderanno il treno.

2. Marco cambieranno/cambierà/cambierai appartamento perché il suo è piccolo.

3. Quest'estate io e la mia famiglia passerà/passeranno/passeremo le vacanze al mare.

4. Ho fatto la pizza perché i ragazzi torneranno/tornerò/torneremo per cena.

5. Sabato prossimo Giulio e io giocherò/giocherà/giocheremo a tennis.

6. Oggi tu e papà finiremo/finiranno/finirete presto di lavorare?

7. Zio, per andare a Roma, tu prenderò/prenderanno/prenderai il treno o l'aereo?

8. Io leggerò/leggerà/leggeranno il tuo libro questo fine settimana.

4 Completa con il futuro dei verbi.

1. La settimana prossima .... (scrivere) una lunga mail a mio fratello.

2. Il festival .... (ospitare) un famoso pianista.

3. La prossima estate Luisa e Ada .... (partire) per un bellissimo viaggio in Europa.

4. Io e Lia domani mattina .... (uscire) alle 6 per andare a correre al parco.

5. Stasera lo spettacolo .... (finire) alle undici.

6. Ah! Finalmente domani .... (arrivare) la primavera!

7. Stasera .... (ascoltare) anche voi il nuovo programma di Radio 2?

8. Domani, Simone .... (andare) a teatro e .... (vedere) una commedia.

5 Completa con il futuro dei verbi dati.

andare ♦ cominciare ♦ dare ♦ essere ♦ fare (2) ♦ restare ♦ avere

1. Anche se è settembre, il tempo è ancora bello: io e i bambini .... ancora due o tre giorni qui al mare.

2. Ragazzi, che regalo .... a Marta? Domani è il suo compleanno.

3. Se non puoi partire adesso, noi .... questo viaggio un'altra volta.

4. Se non hanno studiato abbastanza, Marco e Giulia .... l'esame di Storia il mese prossimo.

5. Sono già le otto: i ragazzi .... fame!

6. Il libro di Pavese? .... nello studio, sulla scrivania.

7. Quest'estate Giovanna .... un mese in Inghilterra, a Brighton, per un corso di inglese.

8. A settembre io .... un corso di lingua giapponese.

6 Completa il dialogo con il futuro dei verbi dati.

visitare ◆ fare ◆ potere ◆ partire ◆ tornare ◆ mangiare
dormire ◆ telefonare ◆ venire ◆ suonare ◆ prenotare

● Pronto, Luca? Sono io, Matteo. Come stai?

● Oh, ciao Matteo! Tutto bene, grazie. Tu?

● Bene, grazie. Io, Giovanni e Marco .... (1) una breve gita a Roma. Vuoi venire con noi?

● Che bella idea! Non vado a Roma da molti anni. Quando? Avete già fatto un programma?

● Allora... È l'ultimo fine settimana di marzo: .... (2) venerdì subito dopo il lavoro e .... (3) lunedì sera. Per il programma... beh, sicuramente .... (4) il centro; poi sabato sera Mannarino .... (5) in un bar a San Lorenzo e... beh, ... (6): lo sai, no, che Giovanni ama la cucina tipica!

● Mannarino in concerto?! Beh, allora non posso mancare! Ma dove .... (7)?

● Stasera .... (8) a mia cugina Maddalena che studia a Roma. Magari .... (9) stare da lei... oppure .... (10) un appartamento con due camere. Allora? Che dici? .... (11)?

● Certo! Prenota tutto anche per me Luca, grazie!

7 Per completare le risposte scegli l'espressione adatta e coniuga il verbo al futuro, come nell'esempio.

essere americani ◆ bere un caffè ◆ dormire già da un po' ◆ studiare l'ultimo giorno
rimanere a casa ◆ essere dal dottore ◆ volere andare a Venezia ◆ avere più di vent'anni

1. ● Ho provato a chiamare Angela, ma non risponde.
   ● Non so, ieri non è stata bene, *........sarà dal dottore........*...

2. ● Ha chiamato Giacomo. Ha detto che chiamerà più tardi. Ha parlato di una gita.
   ● Ah sì, ... questo weekend.

3. ● Ho invitato Cesare al cinema, ma mi ha detto di no! Tu sai che cosa fa stasera?
   ● ....: di solito non esce la domenica sera.

4. ● Secondo te, di dove sono i turisti?
   ● Chissà, ...

5. ● Dino ha un esame la settimana prossima e non ha ancora aperto un libro!
   ● ...., come sempre.

6. ● Hai visto Ines, la ragazza di Fabio, hai visto com'è giovane?!
   ● Sì, non ....

7. ● E Rosa? Non c'è?
   ● No, a quest'ora, secondo me, ...

8. ● Allora, io prendo un caffè, tu un cappuccino e... Mario? Cosa prende?
   ● Mah, ... anche lui, no?

8 Come sarà la nostra vita fra 50 anni? Scrivi le descrizioni, come nell'esempio in blu.

essere | città più pulite | senza smog → *Le città saranno più pulite e senza smog.*

1. esserci | grandi città | piccoli paesi

   ....

   ....

2. abitare | case piccole | tecnologiche

   ....

   ....

3. usare | in città | solo biciclette | mezzi pubblici | viaggi lunghi | treni veloci

   ....

   ....

4. non esserci | auto a benzina | esserci solo auto elettriche

   ....

   ....

5. lavorare meno | avere | tempo libero essere | meno stressati

   ....

   ....

6. persone | vivere | di più

   ....

9 Completa le frasi con il verbo al futuro e poi fai l'abbinamento.

1. Secondo me, se .... (bere) molte

2. Sì, è vero, non faccio sport... domani

3. Se passerà l'esame, Lucia lavorerà e

4. Se andremo a Rimini per Natale,

5. Appena .... (sapere) che l'esame è a luglio,

6. Io e la mamma andremo a fare spese con Silvia,

7. Hai sentito? Lunedì non ci saranno treni...

a. .... (vivere) a Roma per 3 anni.

b. Chissà! .... (esserci) uno sciopero!

c. se .... (tenere) tu i bambini domani.

d. spremute d'arancia, starai molto meglio!

e. .... (venire) in palestra con te!

f. i miei compagni studieranno giorno e notte!

g. io e mio fratello .... (vedere) Mara e Federica!

10 Abbina le frasi ai disegni e scrivi che cosa farà oggi Pietro, come nell'esempio in blu.

a. ore 18 andare palestra

b. prendere autobus; arrivare ufficio ore 9

c. pranzo, mangiare qualcosa con collega

d. ore 21, cenare, casa, Cinzia

e. aprire finestra, preparare caffè

f. accendere radio, fare colazione

g. fare doccia

h. ore 8:15 uscire di casa

1. *Farà la doccia.*
2. ....
3. ....
4. ....
5. ....
6. ....
7. ....
8. ....

11 Metti in ordine le battute del dialogo.

Giochi

Viaggiatore

[ ] Ecco a Lei. Ah, e da che binario parte?

[3] Preferisco l'Intercity.

[ ] No, solo andata. Quant'è?

[ ] Perfetto, grazie. Buon pomeriggio!

[ ] Buongiorno, vorrei andare a Napoli.

Impiegato

[ ] Buongiorno. Allora... c'è un Frecciarossa alle 17.10 e un Intercity alle 17.30.

[ ] Per un posto in seconda classe sono 27 euro.

[4] Certo. Andata e ritorno?

[ ] Dal binario 12.

[ ] Buon viaggio!

12 Completa i mini dialoghi con le parole date.

vicino ♦ controllore ♦ carrozza ♦ prima classe ♦ biglietteria

1. ● Buongiorno, scusi, dov'è la .... (1)?

   ● Lì a destra, ... (2) al bar.

   ● Grazie!

2. ● Scusa, sai dov'è la .... (3) 11?

   ● Mmh... sarà in fondo al treno...

   ● No, lì ci sono le carrozze di .... (4).

   ● Allora, non lo so. Perché non chiedi al .... (5)?

   ● Sì, grazie!

13 Fai l'abbinamento per formare le frasi, come nell'esempio.

1. Non appena avrò preso la laurea, (f)
2. Solo dopo che avrete letto il libro,
3. Potremo uscire a fare una passeggiata,
4. Quando il professore avrà spiegato l'uso del futuro composto,
5. Se tra mezz'ora Aldo non sarà arrivato,
6. Appena avranno deciso la data,
7. Non posso rispondere, ti telefonerò
8. Solo quando avrete aperto il pacco,

a. non avrai più nessun dubbio.
b. andremo al ristorante senza di lui.
c. appena sarò arrivato a casa.
d. chiederanno un giorno di permesso.
e. capirete perché è così famoso.
f. cercherò lavoro.
g. scoprirete qual è il regalo.
h. solo dopo che avremo fatto gli esercizi.

14 Usa *dopo che*, *quando*, *appena* per trasformare le frasi, come nell'esempio.

Tornerà Teresa e daremo una festa.
Quando (Appena/Dopo che) sarà tornata Teresa, daremo una festa.

1. Arriveremo in albergo e faremo una doccia.

   ....

2. Domani vedrò Lia e poi andrò a cena con i miei cugini.

   ....

3. Finirete di studiare e potrete uscire.

   ....

4. Vedrò lo spettacolo e uscirò a bere qualcosa.

   ....

5. Sabato i Martini faranno la spesa e poi puliranno casa.

   ....

6. Arriverò a casa e preparerò la cena.

   ....

15 Completa le frasi con i verbi al futuro semplice o composto.

Piazza del Campo, Siena

1. Se .... (venire, tu) a Siena per le vacanze .... (potere, noi) visitare anche i paesi vicini!

2. Mi dispiace, non .... (potere, io) continuare il corso: il prossimo mese .... (andare) a vivere all'estero.

3. Appena Emma .... (dare) anche l'esame orale, ... (andare) in vacanza al mare con i nonni e con i cugini.

4. Appena .... (andare, noi) a vivere nel nuovo appartamento di via del Fossato, ... (invitare) a cena i nostri ex compagni di università.

5. Non è ancora arrivato Giovanni? Chissà... .... (perdere) l'autobus.

6. .... (telefonare, io) a Elena, quando il film .... (finire).

7. Non amiamo viaggiare in aereo, per questo .... (prendere) il treno anche se .... (arrivare) più tardi.

8. Dopo che Lucia .... (tornare) dal prossimo viaggio di lavoro, ... (fare) un viaggio insieme in Francia.

16 Che tempo fa? Abbina le espressioni alle immagini.

1 ☐

2 ☐

3 ☐

4 ☐

5 ☐

a. Fa caldo.
b. Piove.
c. È nuvoloso.
d. Tira vento.
e. C'è la nebbia.

17 Completa il dialogo con le preposizioni e gli articoli indeterminativi.

● Questo fine settimana sono andata .... (1) Camilla, a Padova. Sabato abbiamo fatto .... (2) giro in centro e poi, verso le 8, siamo andate .... (3) mangiare in .... (4) ristorante vegano fuori città... È di un attore famoso...

● Ma dai! Vegano! Avete mangiato bene?

● Sì, tutto buonissimo, mi è piaciuto molto! Ma è stata .... (5) cena veloce perché Camilla ha proposto .... (6) andare a vedere .... (7) film...

● Ah, e che film avete visto?

● Nessun film! Siamo arrivate tardi .... (8) cinema e non siamo potute entrare!

18 Gianna è al telefono con un amico. Completa il testo con le espressioni:

un sacco di ✦ *in partenza* ✦ *appena* ✦ *le specialità* ✦ *vado a trovare*
ho troppi bagagli ✦ *è sereno* ✦ *mi dispiace*

Pronto Luca, ciao! Tutto bene, grazie. No, non ho visto il tuo messaggio... Ah, per pranzo? .... (1), non posso, sono in aeroporto: sono .... (2) per la Sicilia. Sì, sì, ... (3) mio fratello. Il volo parte tra un'ora, ora faccio il check-in. No, non ho fatto il check-in on line perché .... (4)! No, no, niente vestiti: in valigia ci sono .... (5) cose buone! Cosa dici? Ahahaha! Ma certo che ci sono .... (6) anche al Nord! Come sarà il tempo? Esagerato! Non andrò al mare! Sì, a Palermo .... (7), ma fa freddo... Certo, ... (8) sarò tornata, andremo a bere un caffè!

19 Ascolta il dialogo e scegli l'alternativa corretta.

33

1. Paola e suo marito parlano
   a. a Capodanno
   b. prima di Natale
   c. dopo l'Epifania

2. L'uomo vuole andare
   a. in palestra
   b. al mare
   c. in montagna

3. Il viaggio per Rio de Janeiro costa in tutto
   a. 2.400 euro
   b. 1.100 euro
   c. 2.000 euro

4. La donna vuole andare a Rio de Janeiro
   a. per fare qualcosa di diverso
   b. per vedere parenti lontani
   c. perché non sa sciare

5. All'uomo non piace l'idea di passare le feste a Rio perché
   a. il viaggio costerà un sacco di soldi
   b. non vuole prendere l'aereo
   c. preferisce andare a sciare

A Completa il testo con il futuro semplice o composto dei verbi.

partire ♦ arrivare ♦ chiudere ♦ rimanere ♦ parlare
prendere ♦ avere ♦ fare ♦ tornare ♦ vedere

Tra un mese sarà Pasqua: le scuole .... (1) per due settimane e i miei genitori
.... (2) qualche giorno di vacanza e così tutti insieme, io, loro e le mie sorelle,
.... (3) un bel viaggio all'estero, in Italia!
Abbiamo già un programma... Allora, non appena .... (4) all'aeroporto di Roma,
a Fiumicino, ... (5) il treno per Napoli. A Napoli visiteremo la città, Pompei
e l'isola di Capri. Dopo due giorni .... (6) per la Toscana.
Alla fine, dopo che .... (7) Firenze e Siena, ... (8) a Roma, dove
.... (9) qualche giorno. Non vedo l'ora di partire! Sono sicura che sarà una bella
esperienza per tutti e che io, finalmente, ... (10) un po' l'italiano!

B Scegli l'alternativa corretta.

1. Ho sentito che domani il tempo non ...... (1) bello e che ...... (2) su tutta la penisola.

   (1) a. sarò   (2) a. pioverà
        b. sarà   b. pioverò
        c. sarai   c. pioverai

2. Se il treno ...... (1) in ritardo a Bologna, ... (2) il Frecciarossa per Milano.

   (1) a. arriverai   (2) a. perderemo
        b. sarà arrivato   b. avremo perso
        c. arriverà   c. abbiamo perso

3. Quando ...... (1) a Roma, ... (2) da mia cugina Mara che non vedo da qualche anno.

   (1) a. andremo   (2) a. passerete
        b. verremo   b. passerò
        c. passeremo   c. passeranno

4. Quest'anno abbiamo vinto noi la ...... (1) di Capodanno...
   Chissà chi ...... (2) l'anno prossimo!

   (1) a. tombola   (2) a. vinceranno
        b. colomba   b. vincerà
        c. Befana   c. vincono

5. • Scusi, sa a che ...... (1) parte il treno per Bologna?
   • No, mi dispiace. Perché non chiede in ...... (2)?

   (1) a. binario   (2) a. controllore
        b. ora   b. carrozza
        c. costo   c. biglietteria

6. A che ora ......(1) ieri notte? Mah... ......(2) le due, non più tardi...

(1) a. torno   (2) a. saranno stati
      b. tornerò   b. saranno state
      c. sono tornato   c. saranno

7. Non appena ......(1) la partita, ...(2) un messaggio a Luca!

(1) a. sarà finita   (2) a. avrò mandato
      b. finiranno   b. manderò
      c. è finita   c. mando

8. Hanno detto che questa sera ci sarà un brutto ......(1) e domani ......(2) freddo.

(1) a. sereno   (2) a. avrà fatto
      b. nuvoloso   b. farà
      c. temporale   c. ha fatto

C Risolvi il cruciverba.

Orizzontali	Verticali
4. L'Intercity per Milano è in partenza dal ... 12.	1. Per il ... di Capodanno preparerò un sacco di cose da mangiare.
6. La festa delle maschere.	2. Un biglietto di prima ... sull'Intercity per Roma.
7. Oggi non piove, ma il cielo è ...	3. Giorno di festa a metà agosto.
9. Un dolce di Natale.	5. Il treno Regionale, ferma in tutte le ...
	8. Oggi non fa molto freddo, ma tira ...

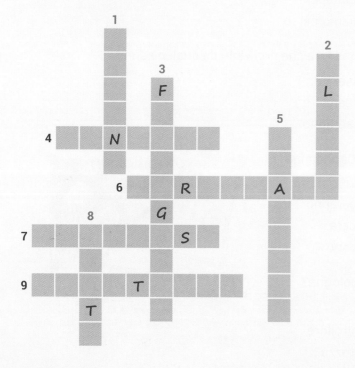

Risposte giuste: .... /35

Giochi

2° test di ricapitolazione

A Completa con le preposizioni semplici e articolate.

1. Non mi piace telefonare .... miei amici. Preferisco mandare messaggi.
2. Sono andato .... spedire un pacco .... miei genitori.
3. Prenderò qualche giorno .... vacanza .... stare .... miei figli!
4. Hai cercato bene? Il tuo vestito bianco è .... armadio, vicino .... quello verde.
5. Domani vado .... aeroporto: arrivano i miei zii .... Germania.
6. La farmacia si trova .... via Cesare Pavese, proprio davanti .... bar.
7. .... 17 devo andare .... dentista.
8. Vieni .... centro .... me? Voglio comprare una gonna.
9. Il tuo cellulare è .... tavolo .... cucina.

........../18

B Completa con le preposizioni.

1. Se tutto andrà bene, prenderò la laurea .... fine .... questo mese.
2. Per favore, puoi portare Maria .... dottore? Non sta bene.
3. Quando andrai .... Olanda?
4. Gli appunti .... Mario sono .... mia borsa.
5. I ragazzi sono rimasti ancora .... qualche giorno .... nonni.
6. Secondo le previsioni, pioverà .... tutta la settimana .... Italia del Nord.
7. Stasera andiamo a cena .... Lucia e Renzo.
8. Cercate .... cassetto: ci sono i miei occhiali .... sole?

........../13

C Scegli l'alternativa corretta.

- Mamma, se domani vai in centro, vengo con te: voglio comprare dei/degli (1) regali.
- Ma non puoi cercare in qualche negozio qua vicino? Ci sono dei/delle (2) negozi molto carini...
- Mmh... ho già cercato, ma non mi piace niente.
- In libreria ho visto dei/delle (3) libri molto interessanti... anche dei/delle (4) agende molto utili...
- Agende? No, i regali sono per dei/degli (5) amici di Luca che andiamo a trovare domenica: hanno appena cambiato casa. Avevo pensato a dei/delle (6) tazzine o a dei/degli (7) bicchieri...
- Ah, ho capito. Allora vieni con me: conosco un bel negozio di cose per la casa!

........../7

D Completa il dialogo con i possessivi.

● Ciao Piero, tutto bene? Ricordi che sabato c'è la .... (1) festa, no? Vieni, vero? Così conoscerai il .... (2) professore di inglese, Paul.

● Luca! Certo, verrò! Mmh... Posso portare anche Sonia, una .... (3) collega?

● Sì, non c'è nessun problema. Ricordi la strada per arrivare a casa .... (4)?

● Sì, sì...

● Ah, ieri ho incontrato Monica con il .... (5) nuovo ragazzo, Fabio. È molto simpatico... Ho invitato anche lui...

● Ah, bene! Allora conoscerò anche lui alla .... (6) festa!

.... /6

E Completa le frasi con il passato prossimo dei verbi.

1. Claudia, come .... (passare) il fine settimana? .... (Andare) a trovare i tuoi genitori o .... (rimanere) a Milano?

2. Ragazzi, se .... (finire), potete andare via!

3. L'altro giorno io e Andrea .... (uscire) e .... (incontrare) Lia.

4. .... (Passare) tanti anni, ma tu, Antonio, non .... (cambiare).

5. Valeria, ... (fare) lo scontrino?

6. Non veniamo con voi perché .... (vedere) questo film sabato scorso.

7. Giulio .... (cambiare) casa, ora vive in centro.

8. Chi .... (vincere) la partita a carte?

.... /12

F Completa le frasi con il futuro semplice o composto.

1. Quando .... (comprare, io) il biglietto per la partita, ... (potere) prenotare il volo per Napoli.

2. Se non .... (venire, loro) alla mia festa, non .... (parlare) più con loro.

3. Se Alessandro e la sua ragazza non .... già .... (mangiare), ... (dovere, tu) preparare qualcosa per loro.

4. Per prima cosa .... (cercare, noi) una buona palestra, poi .... (cominciare) a fare sport!

5. Giacomo .... (aprire) una farmacia appena .... (prendere) la laurea.

6. Sono certo che Luisa .... (fare) il possibile per Anna.

7. Se .... (ascoltare, tu) l'ultima canzone della Pausini, forse .... (capire) perché ha venduto milioni di copie in tutto il mondo.

8. Ragazzi, oggi è sabato e .... (potere, noi) tornare a casa anche dopo le due.

.... /14

Risposte giuste: .... /70

Istruzioni del gioco

Gioco Unità 0-5, Scale e serpenti, pagina 152

Giocate in 2 o in 2 piccoli gruppi. Inizia per primo il giocatore o il gruppo che lancia il dado e ottiene il numero più alto. A turno, tirate il dado e svolgete il compito proposto.
Se la risposta non è giusta, tornate indietro di due caselle. Dopo, il turno passa all'altro giocatore/gruppo. Se arrivate su una casella dove c'è l'altro giocatore/gruppo, andate a quella successiva.

Attenzione: se trovate una , salite; se trovate un , scendete!
Vince chi arriva per primo all'Arrivo, dopo la casella 36!

ARRIVO!

36 2 progetti per il futuro!

35 Completa: "Partiremo per le vacanze non appena ... (Finire) gli esami."

34 2 Feste italiane e 2 dolci tipici!

33 Vai a a pag. 50 del Libro dello studen attività C5, immagine Dov'è la lampada?

25

Orario

da Lunedì a Venerdì dalle 08:20 alle 13:45

Sabato dalle 08:20 alle 12:45

Qual è l'orario della posta?

24

23 Ricordi l'episodio video dell'unità 4? Cosa succede al bar?

26 Passato prossimo di rimanere, terza persona singolare femminile.

27

28

BIGLIE

Chiedi un'informazione.

Il contrario di corto?

22 **21** Che ore sono?

20 Racconta brevemente la tua ultima vacanza: Dove sei stato? Con chi? Quando? Ti sei divertito?

19

Che tempo fa?

Dove vai stasera?

CINEMA TEATRO ODE

2

PARTENZA!

Leggi e fai la somma: $30 + 25 = ?$

1

Come ti chiami? Di' il tuo nome anche lettera per lettera.

3

Gioco unità 0-5

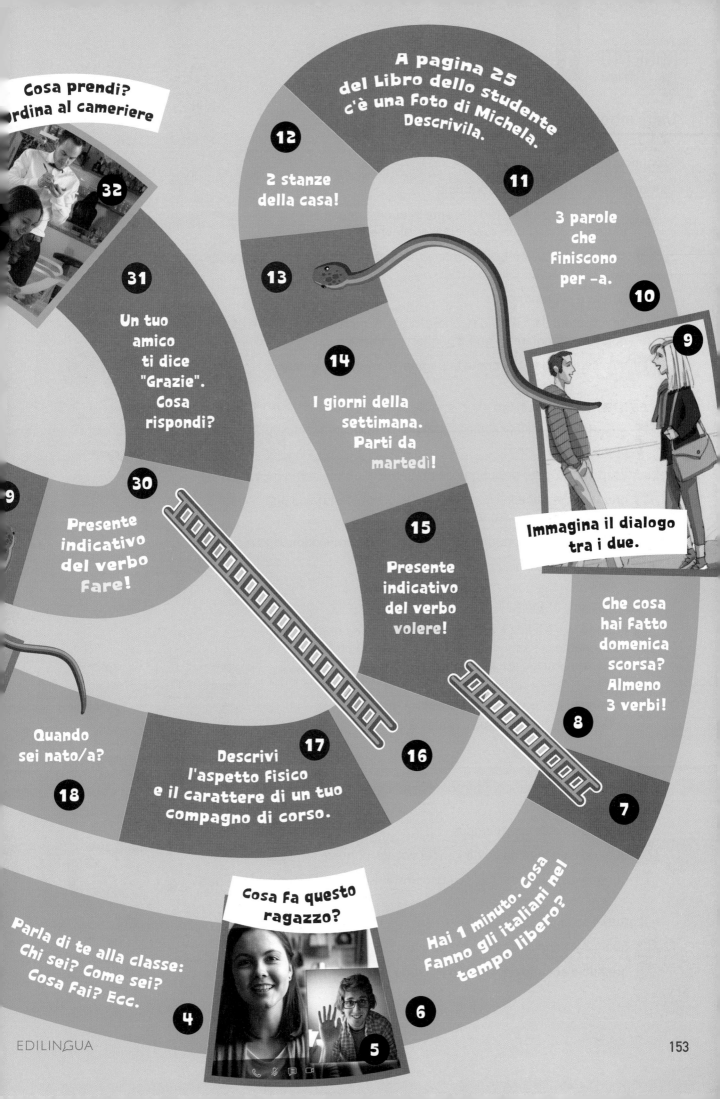

Cosa prendi? Ordina al cameriere (32)

(31) Un tuo amico ti dice "Grazie". Cosa rispondi?

(30) Presente indicativo del verbo Fare!

Quando sei nato/a? (18)

(17) Descrivi l'aspetto fisico e il carattere di un tuo compagno di corso.

Parla di te alla classe: Chi sei? Come sei? Cosa fai? Ecc. (4)

Cosa fa questo ragazzo? (5) (6)

Hai 1 minuto. Cosa fanno gli italiani nel tempo libero? (7)

A pagina 25 del Libro dello studente c'è una foto di Michela. Descrivila.

(12) 2 stanze della casa!

(11) 3 parole che finiscono per –a.

(13)

(10)

(9)

(14) I giorni della settimana. Parti da martedì!

Immagina il dialogo tra i due.

(15) Presente indicativo del verbo volere!

Che cosa hai fatto domenica scorsa? Almeno 3 verbi! (8)

(16)

Unità introduttiva

Pronuncia

- In italiano la lettera **c** si pronuncia:

  [k] se è seguita da A, O, U o H, come in **c**u**c**ina, musi**c**a, **c**affè, as**c**oltare, **C**olosseo, **ch**iave, zuc**ch**ero

  [tʃ] se è seguita da E o I, come in **c**iao, **c**inema, limon**c**ello

- La lettera **g** si pronuncia:

  [g] se è seguita da A, O, U o H, come in **g**atto, **g**alleria, **g**ondola, sin**g**olare, lin**g**ua, spa**gh**etti, **gh**iaccio

  [dʒ] se è seguita da E o I, come in pa**g**ina, parmi**g**iano, **g**elato

- La lettera **z** si pronuncia:

  [dz] quando la **z** è all'inizio della parola* e quando si trova tra due vocali, come in **z**ero, **z**aino

  Lo stesso suono, però prolungato, è presente in parole come me**zz**o

  [ts] quando la **z** precede i gruppi IO, IA, IE o è preceduta da una consonante, come in a**z**ione, can**z**one

  Lo stesso suono, però prolungato, è presente in parole come pi**zz**a, pia**zz**a

  * Esistono delle eccezioni.

- La lettera **s** si pronuncia:

  [s] quando la **s** è a inizio parola, o è preceduta da una consonante o è seguita da F, P, Q, T, come in bor**s**a, **s**ette, **s**tudente, o quando è doppia, come in espre**ss**o, ba**ss**o

  [z] quando la **s** si trova tra due vocali* o prima di B, D, G, L, M, N, R, V come in mu**s**ica, **s**vizzero

  * Esistono delle eccezioni.

- Il gruppo **gn** si pronuncia [ɲ] come in inse**gn**ante, spa**gn**olo.

- Il gruppo **gl** invece si pronuncia:

  [ʎ] quando è seguito da I o da I + una vocale, come in fami**gl**ia, fi**gl**io

  [gl] quando è seguito da A, E, O o U, come in in**gl**ese, **gl**ossario, **gl**adiatore

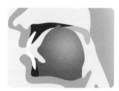

- Il gruppo **sc** si pronuncia:

  [ʃ] quando è seguito da I o E, come in u**sc**ita, pe**sc**e

  [sk] quando è seguito da A, O, U o H, come in tede**sch**i, ma**sch**era, **sc**uola

• Le **doppie consonanti** possono cambiare il significato di una parola, e devono essere pronunciate o rafforzando il suono (come nel caso della B, C, G, P, T) o prolungandolo (come nel caso di F, L, M, N, R, S, V, Z). Alcuni esempi sono:

| cc | piccolo cappuccino | gg | oggi aggettivo | tt | otto attenzione |

| ff | caffè difficile | ll | bello fratello | mm | mamma immagine | nn | nonna anno | rr | terra corretto |

Sostantivi e aggettivi

Sostantivi e aggettivi in -o e in -a

In italiano i sostantivi e gli aggettivi hanno due generi: maschile e femminile. La maggior parte dei sostantivi e degli aggettivi **maschili** finisce in -o, -i. Quelli **femminili** invece finiscono in -a, -e.

maschile		femminile	
singolare in -**o**	**plurale** in -**i**	**singolare** in -**a**	**plurale** in -**e**
libro rosso	libri rossi	casa nuova	case nuove

Sostantivi in -e

Alcuni sostantivi maschili e femminili finiscono in -e al singolare e in -i al plurale.

a. Molti sostantivi in -ore, -ale e -iere sono **maschili**:
   errore → errori, attore → attori, sapore → sapori, stivale → stivali, giardiniere → giardinieri ecc.

b. Molti sostantivi in -ione, -udine e -ice sono **femminili**:
   azione → azioni, abitudine → abitudini, attrice → attrici ecc.

Sostantivi in -a

Alcuni sostantivi **maschili** di origine greca finiscono in -a al singolare e in -i al plurale:
panorama → panorami, problema → problemi, programma → programmi, tema → temi, clima → climi, telegramma → telegrammi.

Alcuni sostantivi in -ista, che spesso indicano una professione, hanno la stessa forma al singolare **maschile** e **femminile**: *il/la turista, barista, tassista, pessimista, regista.*
Al plurale i sostantivi **maschili** prendono la -i (*i turisti, baristi, tassisti, pessimisti, registi*) e i sostantivi **femminili** la -e (*le turiste, bariste, tassiste, pessimiste, registe*).

Sostantivi femminili in -i

Alcuni sostantivi femminili di origine greca finiscono in -i al singolare e al plurale:
la crisi → le crisi, l'analisi → le analisi, la tesi → le tesi, la sintesi → le sintesi, l'ipotesi → le ipotesi, la perifrasi → le perifrasi, l'enfasi → le enfasi.

Sostantivi invariabili (non cambiano al plurale)

- sostantivi con vocale finale accentata: *il caffè → i caffè, la città → le città, l'università → le università*
- sostantivi che finiscono per consonante: *lo sport → gli sport, il film → i film, il bar → i bar*
- sostantivi monosillabici: *il re → i re, lo sci → gli sci*
- sostantivi femminili che finiscono in -ie: *la serie → le serie, la specie → le specie**
- sostantivi che finiscono in -i: *la crisi → le crisi, l'analisi → le analisi, l'ipotesi → le ipotesi*
- i sostantivi abbreviati: *la foto(grafia) → le foto(grafie), l'auto(mobile) → le auto(mobili), la moto(cicletta) → le moto(ciclette), la bici(cletta) → le bici(clette), il cinema(tografo) → i cinema(tografi).*

* Eccezione: *la moglie → le mogli.*

Sostantivi maschili in -io

I sostantivi che finiscono in -io, se hanno la -i- non accentata, al plurale presentano una sola -i, se invece la -i- è accentata, al plurale presentano due -ii:

esempio	esempi	zio	zii
esercizio	esercizi		

Sostantivi e aggettivi maschili in -co e -go

Se l'accento cade sulla penultima sillaba, aggiungono una -h- al plurale; se invece l'accento cade sulla terzultima sillaba, non aggiungiamo nessuna -h-.

il fuoco	i fuochi	il medico	i medici
l'albergo	gli alberghi	l'asparago	gli asparagi
fresco (agg.)	freschi	fantastico (agg.)	fantastici

Eccezioni: *amico → amici, greco → greci*   Eccezioni: *incarico → incarichi, obbligo → obblighi*

Alcuni nomi presentano al plurale le due forme (-chi/-ci, -ghi/-gi):
chirurgo → chirurgi/chirurghi, stomaco → stomaci/stomachi.

Sostantivi maschili in -logo

I sostantivi che indicano cose hanno il plurale in -loghi mentre i sostantivi che indicano persone hanno il plurale in -logi.

il dialogo	i dialoghi	l'archeologo	gli archeologi
		lo psicologo	gli psicologi

Sostantivi e aggettivi femminili in -ca e -ga

Tutti i sostantivi e gli aggettivi femminili che finiscono in -ca e -ga, al plurale prendono rispettivamente -che e -ghe.

amica simpatica	amiche simpatiche	collega belga	colleghe belghe

Sostantivi femminili in -cia e -gia

Se i gruppi -cia e -gia sono preceduti da una consonante, al plurale si trasformano rispettivamente in -ce e -ge. Se sono invece preceduti da una vocale o se la -i- è accentata, al plurale abbiamo rispettivamente -cie e -gie.

la pancia	le pance	la farmacia	le farmacie
la pioggia	le piogge	la valigia	le valigie*
		la ciliegia	le ciliegie*

* Ormai sono forme accettate anche *ciliege* e *valige*.

L'articolo determinativo

I **sostantivi maschili** che iniziano per	consonante	**il → i** *il libro → i libri*
	vocale	**l' → gli** *l'amico → gli amici*
	s + consonante, z, ps, pn, gn, y, x	**lo → gli** *lo zaino → gli zaini, lo psicologo → gli psicologi*

I **sostantivi femminili** che iniziano per	consonante	**la → le** *la ragazza → le ragazze*
	vocale	**l' → le** *l'amica → le amiche*

Il presente indicativo dei verbi *essere, avere* e *chiamarsi* (le prime tre persone)

	essere	avere	chiamarsi
io	sono	ho	mi chiamo
tu	sei	hai	ti chiami
lui/lei/Lei	è	ha	si chiama
noi	siamo	abbiamo	
voi	siete	avete	
loro	sono	hanno	

Nota: In italiano non è obbligatorio esprimere il pronome personale soggetto.

Unità 1

Il presente indicativo dei verbi regolari

I verbi italiani hanno tre coniugazioni:

	1ª coniugazione (-are)	2ª coniugazione (-ere)	3ª coniugazione (-ire)	
	lavorare	**prendere**	**aprire**	**finire**
io	lavoro	prendo	apro	finisco
tu	lavori	prendi	apri	finisci
lui/lei/Lei	lavora	prende	apre	finisce
noi	lavoriamo	prendiamo	apriamo	finiamo
voi	lavorate	prendete	aprite	finite
loro	lavorano	prendono	aprono	finiscono

Come *aprire*: *dormire, offrire, partire, sentire* ecc.

A molti verbi in -ire aggiungiamo -isc- tra la radice del verbo e le desinenze di io, tu, lui/lei/Lei e loro.

Come *finire*: *capire, preferire, spedire, pulire* ecc.

L'articolo indeterminativo

	consonante e vocale	**un** un libro, un amico*
I **sostantivi maschili** che iniziano per	s + consonante, z, ps, pn, gn, y, x	**uno** uno studente, uno zio, uno psicologo, uno yogurt

* L'articolo indeterminativo un non prende mai l'apostrofo davanti ai sostantivi maschili.

	consonante	**una** una mela
I **sostantivi femminili** che iniziano per	vocale	**un'** un'amica

Aggettivi in -e

Gli aggettivi in -e hanno la stessa forma per il **maschile** e per il **femminile**:

il ragazzo gentile	i ragazzi gentili	la ragazza gentile	le ragazze gentili

La forma di cortesia

> In italiano è possibile dare del tu oppure dare del Lei a una persona. Con persone più grandi o che non conosciamo bene o per niente "diamo del Lei", usiamo quindi la terza persona singolare del verbo: - *Lei di dov'è?* - *Sono inglese e Lei?*

Unità 2

Particolarità dei verbi della 1ª coniugazione

a. I verbi che finiscono in -care e -gare prendono una -h- tra la radice del verbo e le desinenze di tu e noi: giocare → giochi, giochiamo; spiegare → spieghi, spieghiamo; pagare → paghi, paghiamo.

b. I verbi che finiscono in -ciare e -giare non raddoppiano la -i alle persone tu e noi: cominciare → cominci (e non comincii), cominciamo (e non cominciiamo); mangiare → mangi (e non mangii), mangiamo (e non mangiiamo).

	cominciare	mangiare	pagare
io	comincio	mangio	pago
tu	cominci	mangi	paghi
lui/lei/Lei	comincia	mangia	paga
noi	cominciamo	mangiamo	paghiamo
voi	cominciate	mangiate	pagate
loro	cominciano	mangiano	pagano

Verbi irregolari al presente indicativo

	andare	bere	dare	dire
io	vado	bevo	do	dico
tu	vai	bevi	dai	dici
lui/lei/Lei	va	beve	dà	dice
noi	andiamo	beviamo	diamo	diciamo
voi	andate	bevete	date	dite
loro	vanno	bevono	danno	dicono

	fare	morire	piacere	porre
io	faccio	muoio	piaccio	pongo
tu	fai	muori	piaci	poni
lui/lei/Lei	fa	muore	piace	pone
noi	facciamo	moriamo	piacciamo	poniamo
voi	fate	morite	piacete	ponete
loro	fanno	muoiono	piacciono	pongono

	rimanere	salire	sapere	scegliere
io	rimango	salgo	so	scelgo
tu	rimani	sali	sai	scegli
lui/lei/Lei	rimane	sale	sa	sceglie
noi	rimaniamo	saliamo	sappiamo	scegliamo
voi	rimanete	salite	sapete	scegliete
loro	rimangono	salgono	sanno	scelgono

	sedere	spegnere	stare	tenere
io	siedo	spengo	sto	tengo
tu	siedi	spegni	stai	tieni
lui/lei/Lei	siede	spegne	sta	tiene
noi	sediamo	spegniamo	stiamo	teniamo
voi	sedete	spegnete	state	tenete
loro	siedono	spengono	stanno	tengono

	tradurre	trarre	uscire	venire
io	traduco	traggo	esco	vengo
tu	traduci	trai	esci	vieni
lui/lei/Lei	traduce	trae	esce	viene
noi	traduciamo	traiamo	usciamo	veniamo
voi	traducete	traete	uscite	venite
loro	traducono	traggono	escono	vengono

Come *porre*: proporre, esporre ecc.

Come *scegliere*: togliere, cogliere, raccogliere ecc.

Come *tenere*: mantenere, ritenere ecc.

Come *tradurre*: produrre, ridurre ecc.

Come *trarre*: distrarre, attrarre ecc.

I verbi modali (potere, volere, dovere)

	potere	volere	dovere	
io	posso	voglio	devo	
tu	puoi	vuoi	devi	
lui/lei/Lei	può	vuole	deve	**+ infinito**
noi	possiamo	vogliamo	dobbiamo	
voi	potete	volete	dovete	
loro	possono	vogliono	devono	

I numeri cardinali 1 - 2.000

1	uno	**14**	quattordici	**27**	ventisette	**200**	duecento
2	due	**15**	quindici	**28**	ventotto	**300**	trecento
3	tre	**16**	sedici	**29**	ventinove	**400**	quattrocento
4	quattro	**17**	diciassette	**30**	trenta	**500**	cinquecento
5	cinque	**18**	diciotto	**31**	trentuno	**600**	seicento
6	sei	**19**	diciannove	**40**	quaranta	**700**	settecento
7	sette	**20**	venti	**50**	cinquanta	**800**	ottocento
8	otto	**21**	ventuno	**60**	sessanta	**900**	novecento
9	nove	**22**	ventidue	**70**	settanta	**1.000**	mille
10	dieci	**23**	ventitré	**80**	ottanta	**1.600**	milleseicento
11	undici	**24**	ventiquattro	**90**	novanta	**2.000**	duemila
12	dodici	**25**	venticinque	**100**	cento		
13	tredici	**26**	ventisei	**101**	centouno		

I numeri ordinali 1° - 25°

1°	primo	**8°**	ottavo	**14°**	quattordicesimo	**20°**	ventesimo
2°	secondo	**9°**	nono	**15°**	quindicesimo	**21°**	ventunesimo
3°	terzo	**10°**	decimo	**16°**	sedicesimo	**22°**	ventiduesimo
4°	quarto	**11°**	undicesimo*	**17°**	diciassettesimo	**23°**	ventitreesimo
5°	quinto	**12°**	dodicesimo	**18°**	diciottesimo	**24°**	ventiquattresimo
6°	sesto	**13°**	tredicesimo	**19°**	diciannovesimo	**25°**	venticinquesimo
7°	settimo						

* Dall'11° in poi aggiungiamo -esimo al numero senza l'ultima vocale: *undici + esimo = undicesimo*.

Le preposizioni semplici (*di, a, da, in, con, su, per, tra/fra*)

	possesso	*Questo è il libro di Gianni.*
	provenienza	*Dante Alighieri è di Firenze.*
	quando accade qualcosa	*Preferisco studiare di sera.* *D'inverno* torno a casa presto.
	l'argomento, il tema	*I ragazzi parlano di calcio.* *Ragazzi, prendete il libro di Storia.*
Usiamo **DI** per esprimere	il materiale	*È molto bella questa maglietta di cotone.*
	il contenuto	*Vuoi un bicchiere d'acqua?*
	il secondo termine di paragone	*Fabio è più alto di Jessica.*
	il partitivo	*Uno di noi deve parlare con Carla.*
	l'età	*Luca è un ragazzo di 15 anni.*
	la causa	*Piange di gioia.*

* Quando di si trova davanti a un'altra vocale può prendere l'apostrofo.

Usiamo **A** per esprimere	il complemento indiretto	*Mando un sms ad Andrea*.*
	il complemento di luogo	*Abito a Rho, ma tutti i giorni vengo a Milano. / Torno a casa presto.*
	quando, a quale età facciamo qualcosa	*I ragazzi italiani possono guidare il motorino a 14 anni.*
	a che ora succede qualcosa	*Ci vediamo domani a mezzogiorno.*
	una qualità o caratteristica	*Compro una gonna a fiori.*
Usiamo **A**	con i mesi	*La scuola finisce a giugno.*

* Quando a si trova davanti a un parola che inizia per a può prendere una d.

Usiamo **DA** per esprimere	la provenienza	*Vengo da Napoli.*
	il tempo passato dall'inizio di un'azione	*Studio l'italiano da due anni.* *Non vedo Maria da una settimana.*
	un periodo di tempo ben definito	*Il museo resta chiuso da febbraio a maggio.*
	il complemento di luogo con i nomi di persona o i pronomi	*Domani andiamo tutti da Franco.*
	il moto da luogo	*Esco da scuola.*
	l'uso, lo scopo	*Ti piacciono le mie nuove scarpe da ginnastica?*
	il complemento d'agente	*Questa è la pizza preparata da Francesca.*

Usiamo **IN** con	i mezzi di trasporto	*Vengo a scuola in bicicletta.*
	i mesi	*La scuola inizia in settembre.*
	le stagioni	*Di solito in primavera facciamo una gita in montagna.*
Usiamo **IN** per esprimere	il complemento di luogo	*Quest'estate andiamo in Sardegna.* *Mia sorella lavora in centro.*
	il materiale	*Voglio comprare una borsa in pelle.*
	il tempo impiegato per fare qualcosa	*Finisco gli esercizi in 10 minuti.*

Usiamo **CON** per esprimere	con chi o con che cosa facciamo qualcosa	*Vado a Firenze con Elisabetta.* *Vengo con voi.*
	il modo	*Gli studenti seguono la lezione con attenzione.*

Usiamo **SU** per indicare	l'argomento, il tema	*Facciamo una ricerca su Dante Alighieri.*
	sopra cosa si trova qualcuno o qualcosa	*Il gatto dorme sempre su una sedia in cucina.*

Usiamo **PER** per indicare	la destinazione di un viaggio	*Marta parte per Roma.*
	il passaggio attraverso qualcosa	*Il treno passa anche per Bologna.*
	per chi facciamo qualcosa	*Compro un regalo per Giulia.*
Usiamo **PER** per esprimere	la durata dell'azione (anche senza *per*)	*La domenica studio sempre (per) tre ore.*
	entro quando faremo qualcosa	*Finisco tutto per domani.*
	lo scopo, il motivo	*Sono a Roma per motivi di lavoro/ per studiare.*

Usiamo **TRA/FRA** per indicare	il tempo che manca prima di un'azione	*La lezione finisce fra quindici minuti.*
	in mezzo a cosa si trova qualcuno o qualcosa	*Roma è tra Firenze e Napoli.*
	la relazione tra persone	*Tra Filippo e Giorgio c'è un bellissimo rapporto.*

A o *IN*?

Quando dobbiamo usare **a** e quando **in**?

A	IN
a Roma, a Capri, a Cuba *(con le città e le isole)*	in Italia, in America, in Sicilia *(con stati, continenti, regioni)*
a casa	in centro
a scuola	in ufficio
a teatro	in montagna, in campagna
a letto	in banca
a studiare *(quando precede un verbo all'infinito)*	in città
	in farmacia, in via *(con i nomi che finiscono in -ia)*
	in biblioteca *(con i nomi che finiscono in -teca)*

A	IN
a pranzo, a cena	in vacanza
a piedi (andare... *vuol dire che non uso i mezzi di trasporto)*	in piedi (stare... *vuol dire che non sono seduto)*

I giorni della settimana

lunedì (*il*), martedì (*il*), mercoledì (*il*), giovedì (*il*), venerdì (*il*), sabato (*il*), domenica (*la*)

Unità 3

Preposizioni articolate (preposizione semplice + articolo determinativo)

	+ il	+ lo	+ l'	+ la	+ i	+ gli	+ le
di	del	dello	dell'	della	dei	degli	delle
a	al	allo	all'	alla	ai	agli	alle
da	dal	dallo	dall'	dalla	dai	dagli	dalle
in	nel	nello	nell'	nella	nei	negli	nelle
con	con il (col)	con lo	con l'	con la	con i (coi)	con gli	con le
su	sul	sullo	sull'	sulla	sui	sugli	sulle
per	per il	per lo	per l'	per la	per i	per gli	per le
tra/fra	tra/fra il	tra/fra lo	tra/fra l'	tra/fra la	tra/fra i	tra/fra gli	tra/fra le

Preposizione semplice o articolata?

Per indicare un luogo generico si usa la preposizione semplice, mentre per luoghi determinati si usa la preposizione articolata. Alcuni esempi sono:

Semplice	Articolata	
a scuola	alla scuola americana	
in Italia	nell'Italia del Nord	
in biblioteca	alla/nella biblioteca della scuola*	
in aereo, in macchina	con l'aereo delle 8*	quando
di sport	dello sport italiano	specifichiamo
in ufficio	nell'ufficio del direttore	
in chiesa	nella Chiesa di Santa Maria Maggiore	
in banca	alla Banca Commerciale*	
a mezzogiorno, a mezzanotte	alle 2 *(con le ore al plurale)*	
da mezzogiorno	dalle 2 *(con le ore al plurale)*	
a Maria, da Fabio	al professore, dal dottore *(con i nomi comuni)*	
di Lucia *(con i nomi di persona)*	del ragazzo *(con i nomi comuni)*	
per Roma *(con le città e le isole)*	per l'Italia *(con stati, continenti, regioni)*	
da due anni	dal 2016 *(con l'anno)*	
sono/vado in vacanza	parto per le vacanze*	
a teatro/casa/scuola	al cinema/bar/ristorante	
in Francia	negli Stati Uniti *(con i nomi di stati, regioni al plurale)*	

* A volte può cambiare anche la preposizione.

Il partitivo

L'articolo partitivo si forma come una preposizione articolata: **di** + articolo determinativo.

	maschile	femminile		Il partitivo indica una quantità non precisata di qualcosa:
singolare	del pane dello zucchero dell'olio	**della** pasta **dell'**insalata	*un po' di*	*Vuoi dello zucchero?* (= *Vuoi un po' di zucchero?*)
plurale	dei ragazzi degli studenti degli amici	**delle** ragazze/ **delle** amiche	*alcuni/ alcune*	*Vado a Roma da degli amici.* (= *Vado a Roma da alcuni amici.*)

C'è - Ci sono

Usiamo c'è (singolare) e ci sono (plurale) per:

- indicare che oggetti o persone sono in un determinato luogo: *In piazza c'è una farmacia. / Sul divano ci sono i cuscini.*
- indicare eventi che stanno accadendo o devono accadere: *Sabato c'è la festa di Giulia.*

I possessivi (mio/a, tuo/a, suo/a)

- I possessivi esprimono il rapporto di proprietà tra una persona e un oggetto o quello di relazione tra persone o fra persone e cose: *Questa è la mia borsa. / Luana è la tua nuova compagna di banco. / Amo molto il mio Paese.*
- I possessivi concordano nel genere (maschile o femminile) e nel numero (singolare o plurale) con l'oggetto che accompagnano o sostituiscono: *il libro di Maria* → *il suo libro / la macchina di Luca* → *la sua macchina*.
- Gli aggettivi possessivi di solito vanno prima del nome e vogliono l'articolo: *il mio libro / il suo quaderno*. Con la parola *casa* vanno dopo, senza l'articolo: *Venite a casa mia domani pomeriggio?*
- Usiamo i pronomi possessivi sempre da soli perché sostituiscono un nome: *La casa di Mina è grande, la mia è piccola.*
- Quando i pronomi possessivi seguono il verbo *essere*, possiamo anche non mettere l'articolo:
  - Questo telefonino è (il) tuo? - No, non è (il) mio, è (il) suo.

I mesi dell'anno

I mesi dell'anno si scrivono sempre con la lettera minuscola. Sono:
gennaio, febbraio, marzo, aprile, maggio, giugno, luglio, agosto, settembre, ottobre, novembre, dicembre.

Le stagioni dell'anno

la primavera, l'estate (*f.*), l'autunno, l'inverno

I numeri cardinali 2.000 - 5.000.000

2.000	duemila	**505.000**	cinquecentocinquemila
2.500	duemilacinquecento	**887.000**	ottocentoottantasettemila
6.408	seimilaquattrocentootto	**1.000.000**	un milione
9.710	novemilasettecentodieci	**1.600.000**	un milione seicentomila
10.500	diecimilacinquecento	**4.300.000**	quattro milioni trecentomila
52.803	cinquantaduemilaottocentotré	**5.000.000**	cinque milioni

Unità 4

Passato prossimo

- Il passato prossimo indica un'azione del passato conclusa, finita: *Ieri ho mangiato un panino.* / *Ieri siamo andati al cinema.*

  Il passato prossimo si forma:

presente del verbo avere o essere **+ participio passato**	Verbi in *-are* → **-ato**: parlare → parlato Verbi in *-ere* → **-uto**: credere → creduto Verbi in *-ire* → **-ito**: finire → finito

- Il participio passato dei verbi che prendono essere concorda in genere e numero con il soggetto (come un aggettivo in -o) mentre il participio passato dei verbi che prendono avere non cambia:

	avere + participio passato	essere + participio passato
io	ho studiato	sono andato/a
tu	hai studiato	sei andato/a
lui/lei/Lei	ha studiato	è andato/a
noi	abbiamo studiato	siamo andati/e
voi	avete studiato	siete andati/e
loro	hanno studiato	sono andati/e

Ausiliare *essere* o *avere*?

Usiamo l'ausiliare essere con:

- il verbo essere;
- molti verbi di movimento: *andare, venire, tornare, uscire, partire, arrivare*;
- i verbi di stato in luogo: *stare, rimanere, restare*;
- molti verbi intransitivi (che non hanno un complemento oggetto, ma solo un complemento indiretto): *piacere, diventare, nascere, morire, sembrare, succedere, accadere*;
- i verbi riflessivi: *lavarsi, vestirsi, svegliarsi.*

Usiamo l'ausiliare avere con:

- il verbo avere;
- i verbi transitivi (che hanno un complemento oggetto e che rispondono alla domanda *chi? che cosa?*): *fare* (colazione), *mangiare* (un panino), *finire* (un esercizio), *chiamare* (un'amica);
- alcuni verbi intransitivi: *dormire, viaggiare, camminare, passeggiare, piangere, ridere.*

Usiamo l'ausiliare essere o avere con:

- i verbi atmosferici: *piovere, nevicare.* È uguale se diciamo *è piovuto* oppure *ha piovuto*;
- i verbi (*cambiare, inziare, cominciare, finire, passare, salire, scendere, correre* ecc.) che possono essere sia transitivi [esempi **a**] sia intransitivi [esempi **b**]:
  a. *Giulia ha cambiato un'altra volta cellulare.* Cosa ha cambiato Giulia? Il cellulare: "il cellulare" è il complemento oggetto di *cambiare* che qui è un verbo transitivo;
  b. *Giulia è cambiata molto ultimamente.* Qui *cambiare* è un verbo intransitivo perché manca il complemento oggetto, abbiamo infatti solo il soggetto, Giulia: è lei ad essere diversa da prima;
  a. *I ragazzi hanno finito tutti i compiti.* Cosa hanno finito i ragazzi? Tutti i compiti: "tutti i compiti" è il complemento oggetto di *finire* che qui è un verbo transitivo;
  b. *Il film è finito.* Qui *finire* è un verbo intransitivo perché manca il complemento oggetto, abbiamo infatti solo il soggetto: è il film ad essere finito.

Participi passati irregolari

Infinito	Participio passato	Infinito	Participio passato
accendere	(ha) acceso	discutere	(ha) discusso
ammettere	(ha) ammesso	distinguere	(ha) distinto
appendere	(ha) appeso	distruggere	(ha) distrutto
aprire	(ha) aperto	dividere	(ha) diviso
bere	(ha) bevuto	escludere	(ha) escluso
chiedere	(ha) chiesto	esistere	(è) esistito
chiudere	(ha) chiuso	esplodere	(è/ha) esploso
concedere	(ha) concesso	esprimere	(ha) espresso
concludere	(ha) concluso	essere	(è) stato
conoscere*	(ha) conosciuto	fare	(ha) fatto
correggere	(ha) corretto	giungere	(è) giunto
correre	(è/ha) corso	insistere	(ha) insistito
crescere*	(è/ha) cresciuto	leggere	(ha) letto
decidere	(ha) deciso	mettere	(ha) messo
deludere	(ha) deluso	morire	(è) morto
difendere	(ha) difeso	muovere	(ha) mosso
dipendere	(è) dipeso	nascere	(è) nato
dire	(ha) detto	nascondere	(ha) nascosto
dirigere	(ha) diretto	offendere	(ha) offeso

Infinito	Participio passato	Infinito	Participio passato
offrire	(ha) offerto	scendere	(è/ha) sceso
perdere	(ha) perso/perduto	scrivere	(ha) scritto
permettere	(ha) permesso	soffrire	(ha) sofferto
piacere*	(è) piaciuto	spendere	(ha) speso
piangere	(ha) pianto	spegnere	(ha) spento
prendere	(ha) preso	spingere	(ha) spinto
promettere	(ha) promesso	succedere	(è) successo
proporre	(ha) proposto	tradurre	(ha) tradotto
ridere	(ha) riso	trarre	(ha) tratto
rimanere	(è) rimasto	uccidere	(ha) ucciso
risolvere	(ha) risolto	vedere	(ha) visto/veduto
rispondere	(ha) risposto	venire	(è) venuto
rompere	(ha) rotto	vincere	(ha) vinto
scegliere	(ha) scelto	vivere	(è/ha) vissuto

* I verbi in -cere e -scere prendono una -i- prima di -uto.

Ci (avverbio)

Usiamo ci (avverbio) per sostituire un luogo e significa *qui, lì*:

- *Vai spesso in Italia? - Sì, ci vado ogni mese.* (= lì, in Italia)
Bello questo parco, ci resto volentieri ancora un po'. (= qui, nel parco)

Avverbi con il passato prossimo

Di solito gli avverbi sempre, già, appena, mai, ancora e più vanno tra l'ausiliare e il participio passato:

> *Paolo è **sempre** stato molto gentile con me.*
> *Federica, hai **già** finito di lavorare?*
> *I ragazzi sono **appena** usciti dal cinema.*
> *Tiziana **non** è **mai** stata a Parigi.*
> *Il professore d'inglese **non** è **ancora** arrivato.*
> *Francesco **non** ha **più** chiamato Marcella.*

I verbi modali (*dovere, volere, potere*) al passato prossimo

- Quando usiamo dovere, potere e volere da soli l'ausiliare è sempre avere:
  - *Sei andato alla festa di Giulia? - No, non ho potuto.*

- Scegliamo l'ausiliare in base al verbo all'infinito che segue dovere, potere e volere:
  Non ho potuto studiare ieri. (studiare vuole avere)
  Carla non è voluta venire con noi. (venire vuole essere)*

  * Ormai è accettato anche l'uso di avere: *Martina non ha voluto venire con noi.* Quando usiamo l'ausiliare essere naturalmente è necessario l'accordo del participio passato di dovere, potere e volere con il soggetto.

Unità 5

Futuro semplice

	1ª coniugazione (-are)	2ª coniugazione (-ere)	3ª coniugazione (-ire)
	tornare	**prendere**	**partire**
io	tornerò	prenderò	partirò
tu	tornerai	prenderai	partirai
lui/lei/Lei	tornerà	prenderà	partirà
noi	torneremo	prenderemo	partiremo
voi	tornerete	prenderete	partirete
loro	torneranno	prenderanno	partiranno

Nota: Come possiamo osservare nella tabella, la coniugazione dei verbi in -are è uguale alla coniugazione dei verbi in -ere.

Particolarità dei verbi della 1ª coniugazione:

a. I verbi che finiscono in -care e -gare prendono una -h- tra la radice del verbo e le desinenze del futuro: cercare → cercherò, cercherai, cercherà, cercheremo, cercherete, cercheranno; spiegare → spiegherò, spiegherai, spiegherà, spiegheremo, spiegherete, spiegheranno.

b. I verbi che finiscono in -ciare e -giare perdono la -i- tra la radice del verbo e le desinenze del futuro: cominciare → comincerò, comincerai, comincerà, cominceremo, comincerete, cominceranno; mangiare → mangerò, mangerai, mangerà, mangeremo, mangerete, mangeranno.

Verbi irregolari al futuro semplice

Infinito	Futuro	Infinito	Futuro	Infinito	Futuro
essere	sarò	sapere	saprò	tenere	terrò
avere	avrò	vedere	vedrò	trarre	trarrò
stare	starò	vivere	vivrò	spiegare	spiegherò
dare	darò	volere	vorrò	pagare	pagherò
fare	farò	rimanere	rimarrò	cercare	cercherò
andare	andrò	bere	berrò	dimenticare	dimenticherò
cadere	cadrò	porre	porrò	mangiare	mangerò
dovere	dovrò	venire	verrò	cominciare	comincerò
potere	potrò	tradurre	tradurrò		

Uso del futuro semplice

Usiamo il futuro semplice per indicare un'azione che deve ancora succedere rispetto a quando parliamo o scriviamo: *Ragazzi quest'anno organizzeremo un viaggio in Svezia.*

Usiamo il futuro semplice per esprimere:
• un progetto futuro: *I miei andranno in vacanza a settembre.*

- una previsione: *Domenica non pioverà.*
- un'ipotesi: *Che ora è? Sarà già mezzogiorno? / Il padre di Chiara avrà più o meno quarant'anni.*
- una promessa: *Oggi non mangerò neppure un gelato!*
- un'incertezza, un dubbio: *Non credo che tornerete per le 5.*
- un ordine: *Quando entrerà il preside saluterete tutti!*
- un periodo ipotetico: *Se verrai/vieni anche tu in viaggio con noi, ci divertiremo sicuramente.*

Futuro composto

> ausiliare essere o avere al futuro semplice **+** **participio passato** del verbo

Usiamo il futuro composto per esprimere:

- un'azione futura che accade prima di un'altra azione futura, che esprimiamo con il futuro semplice. In questo caso, usiamo il futuro composto sempre dopo le congiunzioni temporali quando, dopo che, appena, non appena:

  *Uscirete solo dopo che avrete finito i compiti. / Appena sarà finita la partita, andremo tutti a mangiare qualcosa.**

  * Nella lingua parlata, il futuro composto è spesso sostituito dal futuro semplice: *Uscirete solo dopo che finirete i compiti. / Appena finirà la partita andremo tutti a mangiare qualcosa.*

- un'incertezza, un dubbio al passato: *Perché non avranno risposto al nostro invito?*
- una possibilità, un'ipotesi: *Cosa dite, ragazzi, Stefania e Giulia avranno perso anche questa volta il treno?*

Unità Sezione	Elementi comunicativi e lessicali	Elementi grammaticali

Pagina

Unità introduttiva

01	A3
02	A5a
03	A5b
04	C1, 2
05	C6a
06	C6b
07	D1, 2
08	D6a
09	D6b
10	E1, 2
11	E7a
12	E7b

Unità 1

13	Per cominciare 3, A1
14	C1, 2
15	D2
16	F1

Unità 2

17	Per cominciare 3, A1
18	B1
19	D1
20	F1
21	G1

Unità 3

22	Per cominciare 3, A1
23	B1, 2
24	E1
25	Quaderno degli esercizi

Unità 4

26	Per cominciare 3, 4, A1
27	D1, 2
28	Quaderno degli esercizi

Unità 5

29	Per cominciare 3, 4, A1
30	B2b
31	D1
32	D2
33	Quaderno degli esercizi

Unità 6

34	Per cominciare 2, 3, A1
35	C1, 2, 4

Unità 7

36	Per cominciare 3, 4, A1
37	C1, 2
38	D1
39	Quaderno degli esercizi

Unità 8

40	Per cominciare 3, 4, A1
41	B1
42	E1, 2
43	Quaderno degli esercizi

Unità 9

44	Per cominciare 2, 3
45	B1, 2
46	D1
47	Quaderno degli esercizi

Unità 10

48	Per cominciare 2, 3
49	B1
50	C1, 2
51	E1
52	F1, 2
53	Quaderno degli esercizi

Unità 11

54	Per cominciare 4, A1
55	B1
56	C1
57	Quaderno degli esercizi

Durata totale:
[71']

Su i-d-e-e.it
puoi ascoltare la
versione naturale
e rallentata delle
tracce audio.

nuovissimo
PROGETTO
italiano
1

Pag.5: ©T. Marin (*in alto*), laforchettasullatlante.it (*2*), gazzettadelgusto.it (*4*), lofficielitalia.com (*5*), broadwayworld.com (*6*); **Pag.12**: cotralspa.it (*biglietto*), romehints.com (*piazza navona*); **Pag.15**: ©T. Marin (*in alto, un nuovo amore*), ©Edilingua (*un nuovo lavoro*); **Pag.18**: unibg.it (*sinistra*); **Pag.26**: arteleonardodavinci.jimdo. com; **Pag.30**: booksreader.us (*in basso a sinistra*); **Pag.33**: ©T. Marin (*in basso a destra*); **Pag.34**: lascuolariguardatutti.blogspot.com (*in basso al centro*), comingsoon.it (*Dobbiamo parlare*); **Pag.40**: thewanderingquinn.com (*5*); **Pag.41**: caserta.italiani.it (*f*); **Pag.47**: valoreazioni.com (*in basso a destra*); **Pag.48**: images.happycow.net (*a*), geprom.it (*b*), beweb.chiesacattolica.it (*c*), valsassinanews.com (*d*); **Pag.49**: pinterest.com (*a, c, d, f, h*), maski-kayak.ca (*b*), ohanaimmobiliare.it (*e*), lokerdibandung.com (*g*), rumahrara.com (*i*); **Pag.57**: pinterest.com (*Botticelli*), iltaccodibacco.it (*pizza fest*), cadoro.org (*music a museo*), eventiesagre.it (*festa della pasta*), pescaranews.net (*D. Silvestri*); **Pag.59**: bergamopost.it; **Pag.65**: culturaitalia.it (*La grande bellezza*), change.org (*V. Modena*), accademiadeisensi.it (*La traviata*), amazing.zone (*G. Marconi*), saltinaria.it (*L'amica geniale*), iichaifa.esteri.it (*1946*); **Pag.67**: cibiamo.it (*a sinistra*); **Pag.68**: theculturetrip.com; **Pag.69**: ©T. Marin; **Pag.70**: ilcorriere.net (*brera caffè*), caffenegro.it (*espresso*), 4live.it (*barista*); **Pag.72**: ©T. Marin; **Pag.73**: ©T. Marin; **Pag.75**: villacariola.it; **Pag.76**: flickr.com; **Pag.78**: lucacecchi.net (*a*), ©T. Marin (*b-d*); **Pag.79**: ©T. Marin; **Pag.80**: 3.bp.blogspot.com (*al centro*), gist.it (*a destra*); **Pag.84**: youtube.com (*prima a sinistra*); **Pag.102**: www.macitynet.it (*donna allo specchio*); **Pag.110**: ibs.it (*libro*), ©Telis Marin (*bar pizzeria*); **Pag.111**: www.hawtcelebs.com (*Malika Ayane*); **Pag.112**: www.mondomostreskira.it (*Leonardo*); **Pag.115**: ©Telis Marin (*orologi 2 e 3*); **Pag.120**: ©Telis Marin (*Amalfi*); **Pag.122**: pinimg.com (*negozio borse*), joydellavita.com (*parco Ciani*), guardiaguide.files.wordpress.com (*posta*), laprovinciacr.it (*banca*), blogspot.com (*biblioteca*), associazioneoter.com (*Museo di Arlecchino*); **Pag.123**: imdb.com (*Euforia*); **Pag.124**: www.onstageweb.com (*Ligabue*), ©Telis Marin (*gatto*); **Pag.125**: blogspot.com (*al centro*); **Pag.129** https://universityequipe.com (*San Marco*); **Pag.130**: ©Telis Marin (*tram*); **Pag.132**: ©Telis Marin (*gondola*); **Pag.134**: https://static.wixstatic.com (*bar*); **Pag.135**: www.lincmagazine.it (*Biblioteca*); **Pag.137**: www.radionuova.com; **Pag.141**: ©Telis Marin (*Roma*); **Pag 142**: pinterest.com (*casa piccola*), ©Telis Marin (*Milano*); **Pag.145**: ©Telis Marin (*seconda e terza foto, Siena*)